Cuentos para antes de dormir de todo el mundo

cometaroja

CUENTOS PARA ANTES DE DORMIR DE TODO EL MUNDO

Textos: Silvia Dubovoy
Ilustraciones:

De *El lagarto y el camaleón, Por qué el cielo está tan lejos, El pájaro inquieto, El elefante soberbio, La tortuga y el perro, Por qué el león no come fruta, El pájaro cassolo y las abejas, El hombre araña y la serpiente,* Rafael Salmerón.
De *El cuervo roba el sol, El origen del río Amazonas, El cacto y el junco, La leyenda del maíz, El origen de la noche, La noche del armadillo, Atariba y Niguayona, La luciérnaga y la zarza* Marta Rivera Ferner.
De *Los cuervos plateados, Los ornitorrincos, El dragón y el pavo real, Los monos y la luna, El mono y el cocodrilo, Intercambio de patas, El lago Wakatipu, Las rayas del tigre*, Sara Ruano.
De *El sol y el erizo, El ingenioso sapo, Por qué el mar es salado, La división de la cosecha, La princesa Fithir, La garza y la grulla, La liebre jactanciosa, Halvor y el oso*, Fran Bravo.

Edita: Cometa Roja (Europharma Natural), 2023
Avda. Europa, 26, edificio Atica, n.º 5, 2ª
28224-Pozuelo de Alarcón, Madrid (España)
Contacto: 93 118 92 40

www.cometarojabooks.com
@cometarojabooks

ISBN: 978-84-17826-36-9
Depósito legal: M-35984-2019

Cuentos para antes de dormir de todo el mundo

Silvia Dubovoy

cometaroja

ÍNDICE

EL LAGARTO Y EL CAMALEÓN

En las tierras del norte de África existía un pantano sin igual. En él crecían multitud de arbustos y cañas, de diferentes tipos, cada uno de un color y de una forma. El dios de los cielos vio que aquel lugar era tan bello que descendió a la tierra para quedarse a vivir en él.

Pensó que un lugar tan maravilloso merecía ser compartido por otros seres. Para ello, partió cañas y las transformó en personas y animales, y los fue acomodando por parejas, hembra y macho.

Surgieron así los hombres blancos, los hombres negros, los animales salvajes, las aves, los insectos del bosque y de la pradera, los peces y las demás criaturas de los ríos y de los lagos.

Y creó el sol y la luna para que habitaran el cielo y contemplaran desde allí su gran obra. Pensó que el sol podría iluminar el día y la luna vigilar la noche. Levantó los brazos y exclamó:

—¡Que el sol se muestre de día y la luna de noche!

RSL

El dios de los cielos estaba satisfecho. Deseó entonces hacer un último regalo a su creación. Después de un tiempo de vivir entre sus criaturas, se encontró con el camaleón, al que amaba especialmente, y le dijo:

—Tengo una noticia para todos los seres vivos: ve y diles que nunca morirán.

El camaleón se sintió halagado por ser el elegido para dar tan buena nueva. Se puso en camino mientras movía sus ojos para todos lados y avanzaba pausadamente.

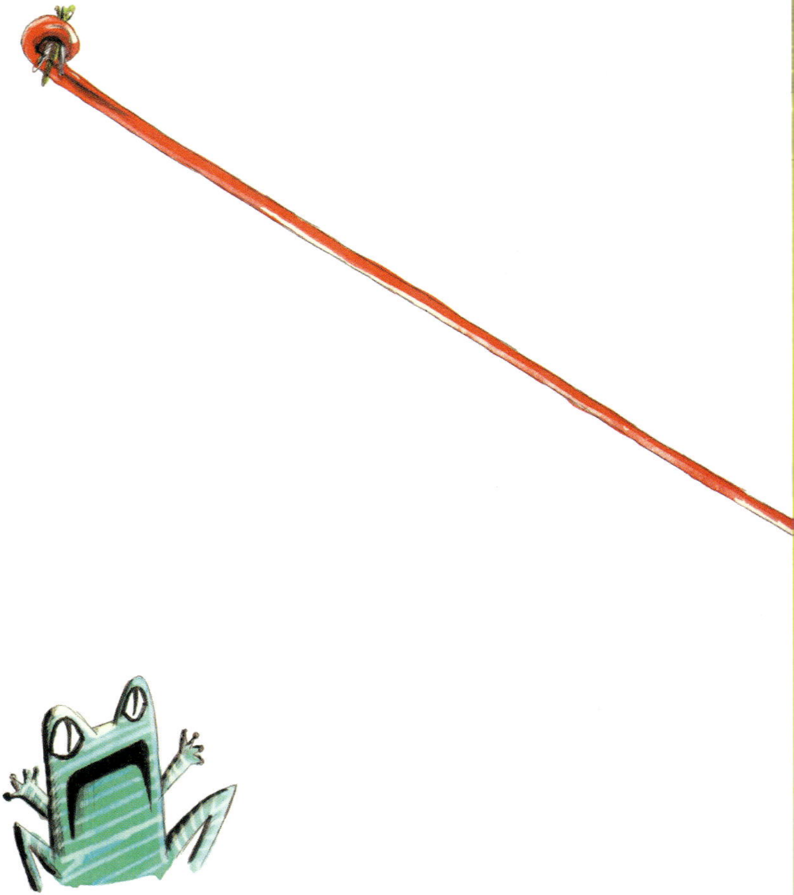

Cuando sentía calor, el camaleón se paraba a descansar bajo la sombra de los arbustos. Desde ahí desenrollaba su larga lengua y atrapaba toda clase de insectos con lo cuales se deleitaba.

—¡Te estás comiendo mi comida! —le gritó una rana.

El camaleón no quería discutir con la rana y adoptó un color rojizo para pasar desapercibido entre el follaje. La rana empezó a gritar más fuerte llamando a sus compañeras:

—¡Se está comiendo nuestra comida!

Y, al instante, una multitud de ranas lo rodearon. Como no podía huir, el camaleón se puso del color de la sombra, pero las astutas ranas lo localizaron y brincaron encima de él golpeándole con sus patas:

—¡Así dejarás de comerte nuestra comida! —exclamaban.

Cuando las ranas se hubieron alejado, el camaleón quiso continuar su camino. Pero no podía caminar porque se había lastimado seriamente una uña. Al cabo de un tiempo, pasó cerca de allí un lagarto y el camaleón lo llamó para decirle:

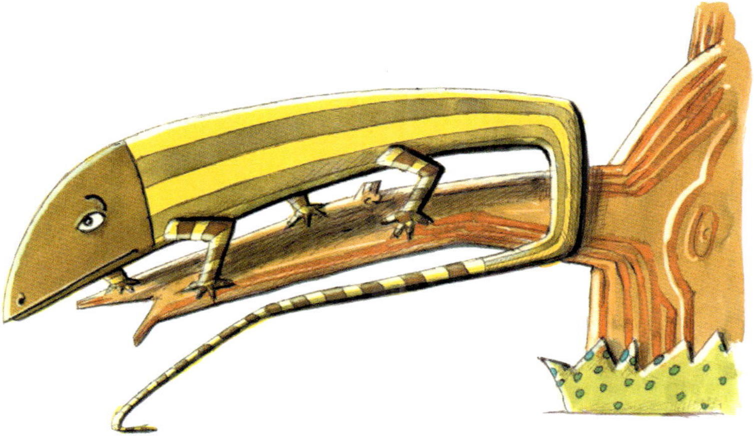

—Ve en busca del dios de los cielos y cuéntale que no puedo cumplir su encargo porque las ranas me dejaron muy malherido.

El lagarto cumplió el recado. Al oírlo, el dios de los cielos se enojó por lo que le habían hecho al camaleón y ordenó al lagarto:

—Tú serás ahora mi mensajero. Te ordeno que les comuniques a todos

los seres que he creado que tarde o temprano morirán. Nada ni nadie permanecerá sobre la tierra para siempre.

El lagarto corrió ansioso a transmitir el mensaje:

—¡Todas las personas morirán, sean blancas o negras! ¡Todos los animales morirán, sean domésticos o salvajes! ¡Nada ni nadie permanecerá eternamente! Ésas son las palabras del dios que yo os repito.

Y es así cómo, desde entonces, todos los seres vivos están condenados a morir, dejando en el mundo a sus hijos y el recuerdo de su existencia.

POR QUÉ EL CIELO ESTÁ TAN LEJOS

En el principio de los tiempos el cielo estaba tan cerca de la tierra que bastaba con levantar las manos para alcanzarlo. En aquel entonces el cielo protegía, con su cercanía, a los hombres y a los animales.

Ni los molestaban los vientos, ni el calor o el frío podían incomodarlos. Por ello, los seres vivos tenían una existencia tranquila y placentera.

Un día, dos mujeres se pusieron a moler grano para la comida. Como la cosecha había sido abundante y tenían mucho grano que moler, utilizaron unos morteros enormes, con grandes palas de madera. Mientras las mujeres cantaban, las palas subían y bajaban al ritmo de su canción.

Tan atareadas estaban en su trabajo que las dos mujeres no se daban cuenta de lo que sucedía: cada vez

que alzaban las palas, golpeaban al cielo protector causándole gran daño.

Y tantas veces lo golpearon que, sin querer, acabaron agujereándolo.

El cielo se cansó de ser maltratado y les llamó la atención:

—¡Dejen de golpearme! ¿Es que no ven que me duelen los golpes y me están llenando de agujeros? ¿No saben que los protejo del frío, del viento y del calor? Si me siguen molestando, no les podré ayudar...

Pero, entre el ruido de los golpes en el mortero y la canción que acompañaba su trabajo, las mujeres no pudieron oír lo que el cielo les decía. Y continuaron moliendo el grano sin darse cuenta de nada.

Cuando el cielo no pudo resistir más el dolor, no tuvo más remedio que alejarse de la tierra hasta quedarse donde está. Por culpa de aquellas dos mujeres, los hombres y los animales quedaron desprotegidos de las inclemencias y han de sufrir desde entonces el viento, el frío y el calor.

Las estrellas que hoy vemos son los agujeros que las mujeres hicieron al cielo mientras molían grano en sus morteros con sus largas palas de madera.

De noche, cuando el sol se oculta tras la oscuridad, parte de su brillo se filtra por esos agujeros que son las estrellas.

Y también la lluvia se filtra por allí. Cuenta la gente de Somalia que las nubes son hermosas doncellas que llevan a sus casas cántaros llenos de agua que sacan de un pozo.

En ocasiones, si los cántaros están demasiado llenos y se bambolean al paso de las doncellas, el agua puede derramarse. Cae entonces, en forma de lluvia, por los agujeros que se hicieron en el cielo. Y así es como la tierra recibe el agua del cielo.

EL PÁJARO INQUIETO

Recién creado el mundo, todas las aves eran blancas, pero al paso del tiempo se aburrieron de verse todas iguales y le pidieron al dios Mulungu plumajes de colores tan atractivos como los de las flores.

Mulungu lo pensó durante siete días y siete noches y aceptó.

Todas las aves se formaron en un enorme semicírculo frente a la casa de Mulungu, y él, sentado en una silla enorme como trono, rodeado de tarros con pinturas de diversos colores y pinceles de todos los tamaños, se dispuso a cumplir su promesa. Los pájaros esperaban días y semanas a que llegara su turno.

Mulungu los llamaba uno a uno, se subían sobre sus rodillas, elegía los colores y los diseños, los pintaba y los dejaba marchar.

Pero había un pájaro inquieto e impaciente. Se llamaba Manda y no cesaba de volar ni de hacer ruido para llamar la atención.

Quería los colores más vistosos y no estaba dispuesto a esperar su turno. Volaba sobre la cabeza de Mulungu y le gritaba:

—¡Píntame a mí! ¡Píntame primero!

—Ten paciencia, Manda —contestaba Mulungu una y otra vez, y seguía pintando a los que estaban en la fila.

Al tejedor le pintó el cuerpo de negro y las alas de rojo; al turaco, de azul, verde y morado.

Pero Manda no se estaba quieto y seguía molestando.

—¡Píntame a mí! ¡Píntame primero!

Mulungu se le quedó mirando y dijo:

—Es el turno de... la grulla de corona.

Y con mucha ilusión empezó a pintar la corona de dorado.

Manda, mientras tanto, miraba uno y otro tarro y casi metía el pico en algunos de ellos.

—¡Píntame a mí! ¡Píntame primero!

Pero Mulungu continuó pintando pacientemente el cuello, el pecho y las alas de la grulla, combinando el negro y el marrón.

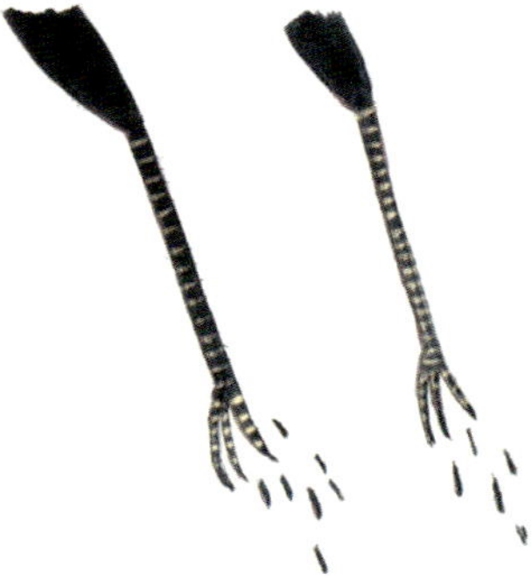

—¡Píntame a mí! ¡Píntame primero!

Mulungu pintó de negro las patas de la grulla, la echó a volar, llamó al ave zancuda y comenzó a pintarla.

—¡Píntame a mí! ¡Píntame primero! —insistía Manda.

Para quitárselo de encima, Mulungu dejó de pintar al ave zancuda que tenía en las rodillas y llamó a Manda.

—Voy a pintarte para que te vayas y dejes de molestar a tus hermanos.

El ave zancuda se alejó a medio pintar. Por eso la cigüeña tiene las patas rojas, las alas negras y el resto del cuerpo blanco.

Manda saltó a las rodillas de Mulungu y éste, con gran rapidez, lo embarró de marrón y gris y lo despidió sin más palabras.

Y es por eso que Manda es el ave menos vistosa, pero sigue igual de alborotadora y aún hoy puede escucharse llamando a Mulungu con el grito de "¡Píntame a mí! ¡Píntame primero!".

EL ELEFANTE SOBERBIO

Un elefante preguntó un día al dios de la lluvia:

—¿Te sientes muy orgulloso por haber cubierto la tierra de árboles, arbustos y pastizales? ¿Qué sucedería si yo arrancara la hierba, los árboles y los arbustos y no dejara nada verde sobre la tierra? ¿Qué harías entonces?

El dios de la lluvia respondió:

—Si yo no dejara caer la lluvia todo sería árido y no tendrías qué comer.

El elefante arrancó los árboles, los arbustos y se comió los pastizales con la intención de destruir el verdor.

El dios de la lluvia no mandó ni una gota de agua y el desierto se extendió por todas partes.

El elefante se moría de sed y excavó en los lechos de los ríos, pero ni una gota encontró y no le quedó más que implorar al dios de la lluvia:

—Manda agua, por favor, si no, moriré —pero el dios de la lluvia permaneció callado.

Pasaban los días uno tras otro y el calor era cada vez mayor.

El elefante envió al gallo para que intercediera por él ante el dios de la lluvia y, después de mucho buscar, el gallo lo encontró oculto tras una nube.

—Vengo a buscarte en nombre del elefante, quien te pide hagas llover.

El dios de la lluvia permaneció en silencio.

—Si no envías lluvia moriremos todos, ya no tenemos qué comer ni qué beber.

El gallo suplicó con tanto sentimiento que el dios de la lluvia se conmovió y prometió enviar agua.

Y la lluvia cayó y los pastizales, los árboles y los arbustos reverdecieron. Esa misma lluvia formó una charca cerca de la casa del elefante. Éste salió a comer y encargó su charca a la tortuga:

—Si alguien viene por agua le dices que ésta es mi reserva y nadie puede beber de ella.

En cuanto el elefante se marchó, numerosos animales acudieron a beber y la tortuga les advertía que era la reserva del elefante y no podían beber. En eso apareció el león y de un zarpazo quitó a la tortuga y bebió hasta saciarse. Los demás, siguiendo su ejemplo, se acercaron y bebieron.

Cuando el elefante volvió ya no quedaba agua y reclamó a la tortuga. Ésta intentaba explicarle:

—Soy un animal pequeño y no me tienen respeto; el león se acercó y me empujó, ¿qué querías que hiciera?

Furioso, el elefante levantó su pata y la dejó caer sobre la tortuga; por suerte, el caparazón la protegió, pero desde entonces quedó aplastada de la panza.

Como trueno se escuchó la voz del dios de la lluvia:

—No sigan el ejemplo del elefante: no destruyan lo que luego pueden necesitar ni pidan que vigilen sus pertenencias ni abusen de su fuerza con alguien más pequeño que ustedes.

LA TORTUGA Y EL PERRO

Hace muchos años, cuando las tortugas vivían únicamente en tierra, una de ellas y un perro habitaban cerca de la casa de esos animales de dos patas llamados hombres. Para conseguir su comida, la tortuga y el perro tenían que esperar un descuido de los animales de dos patas.

Como eran vecinos, solían ir juntos a buscar su sustento. Un día, el perro le dijo a la tortuga:

—¡Qué suerte tienes, compañera! Cuando los animales de dos patas nos atacan, tú te escondes en tu concha y nadie puede hacerte daño; en cambio,

yo debo salir corriendo y aún así algunos golpes caen sobre mi lomo…

—Si quieres, iré sola por el alimento y te traeré tu parte, ¿te parece bien?

El perro, no muy convencido, aceptó, y la tortuga hizo lo prometido. A partir de entonces iba hasta la casa de los animales de dos patas y venía con la comida. El perro, a solas, se aburría y no paraba de dar vueltas persiguiendo su cola.

Un día la siguió y,
oculto bajo el árbol del pan,
observó sus movimientos.
Lenta y sigilosamente la
tortuga recogía el sustento
que luego repartiría con él.

Mientras vigilaba, del árbol cayó un enorme fruto sobre su lomo y el perro salió dando grandes alaridos. Con los alaridos aparecieron los animales de dos patas alarmados y la lenta tortuga fue atrapada.

—¡Así que te dejó sola tu amigo…! ¡Pues ahora pagarás por los dos! —dijo un hombre.

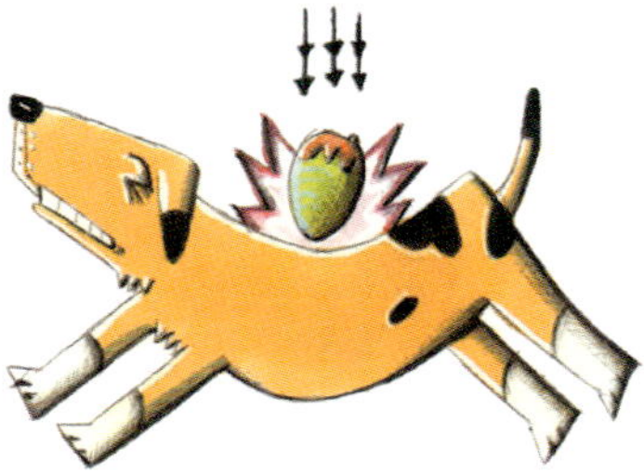

Luego, llamó a otros dos y les ordenó que alimentaran a la tortuga con plátanos. Después harían con ella una sabrosa sopa de tortuga.

Los que recibieron las órdenes eran, uno, ciego, y el otro, sordo. El hombre ciego le dijo al sordo:

—Como yo no veo, tendrás que encargarte tú de matar a la tortuga.

Pero el sordo no acababa de entender lo que le decían y, en esto, terció la tortuga:

—Han entendido mal —replicó la tortuga—; su amo ordenó que mataran un pollo, que me lo dieran de comer y que me llevaran a la playa.

El perro, que oyó las palabras de la tortuga, se quedó asombrado de su valentía y de su sagacidad. Los hombres la alimentaron con pollo y la llevaron a la playa. Allí, en un descuido del ciego y del sordo, la

tortuga se metió al agua. Comprobó con sorpresa que podía nadar con gran velocidad. Rebosante de alegría, gritó:

—Díganle a su amo que gracias por la comida. Yo me voy para nunca volver.

Desde entonces, las tortugas son buenas nadadoras. Y sólo los perros

siguen viviendo cerca de los animales de dos patas, robando o mendigando su comida. Cuando se aburren, dan vueltas persiguiendo a su cola y, de vez en cuando, echan de menos su amistad con las tortugas.

POR QUÉ EL LEÓN NO COME FRUTA

Un chacal hambriento paseaba por la sabana en busca de alguna presa, pero no encontró aquel día nada con lo que saciar su hambre. Vio que al pie del árbol del thaa había unos frutos y, a falta de algo mejor

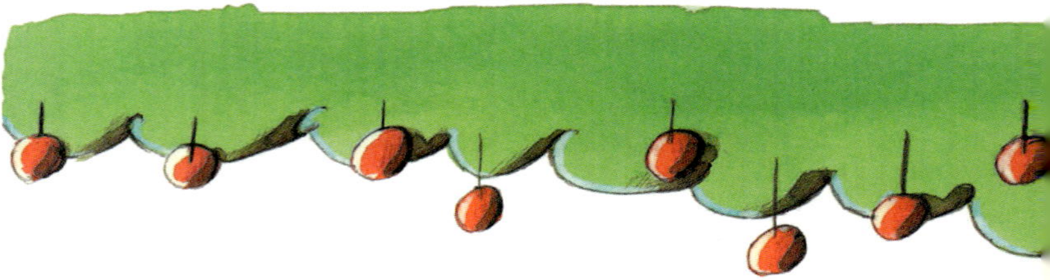

para comer, se sentó a probarlos a la sombra del árbol. Su sorpresa fue grande cuando descubrió que los frutos eran realmente muy sabrosos.

De pronto, vio que se acercaba al lugar un león.

Al escuchar los furiosos rugidos del león, pensó que debía estar muy hambriento pues tampoco habría encontrado ningún animal en la sabana para devorarlo.

"Si me descubre comiendo esta deliciosa fruta", dijo el chacal para sí mismo, "se apoderará de los árboles del thaa. Su apetito es feroz y, como es el rey de los animales, se siente con el derecho de robarle la comida a quien quiera".

Mientras decidía qué hacer, pasó junto a él el león y vio cómo disfrutaba de los jugosos frutos. El chacal comió uno y otro con avidez, y después cayó al suelo, retorciéndose y gimiendo.

“Quizá los frutos de este árbol sean venenosos…”, pensó el león.

Al ver el chacal que el león se alejaba, se levantó sano y salvo y se apresuró a buscar un esqueleto de chacal. Lo

colocó bajo el árbol del thaa y, muy contento y saciado, regresó a su casa.

Semanas después el león pasó de nuevo por allí. De nuevo estaban los jugosos, dulces y maduros frutos al alcance de sus garras y se le hizo la boca agua. Se acercó a tomar uno, pero descubrió en el suelo los huesos del chacal y recordó cómo se retorcía y gemía el pobre animal al que había visto comer los frutos con tanta ansia.

—Tuve suerte al contemplar al chacal antes de morir. Esto me confirma que los frutos son venenosos. Será mejor que siga con mi dieta habitual, y evitaré desgracias mayores.

Ese día el león decidió que nunca probaría la fruta del thaa, aunque tuviera mucha hambre.

En cambio, el chacal y otros animales pequeños se apoderaron de ese delicioso fruto y lo comen hasta hartarse, sin tener que compartirlo con el insaciable león.

EL PÁJARO CASSOLO Y LAS ABEJAS

El pájaro cassolo y la abeja eran grandes amigos. Pasaban mucho tiempo juntos y se tenían mucha confianza.

Cierto día un hijo de la abeja enfermó y ésta fue a pedirle ayuda al curandero del pueblo. Luego de buscar entre sus hierbas y de consultar sus piedras mágicas, el curandero le dijo:

—Consigue una pluma de pájaro cassolo, envuelve con ella a tu hijo y con eso sanará.

Agradecida, la abeja regaló una cazuelita de miel al curandero y fue en busca del pájaro cassolo.

—Necesito pedirte un favor —le dijo—; mi hijo se encuentra muy enfermo y para salvarle la vida necesito envolverlo en una de tus plumas. Quiero que me regales una.

—Te daré una de mis plumas —contestó y se arrancó una, sin importarle el dolor.

El hijo de la abeja se salvó. Pasó el tiempo y la abeja y pájaro cassolo estrecharon sus lazos de amistad.

Una noche el hijo del pájaro cassolo enfermó; lo llevaron al curandero y éste, luego de consultar su herbolario y sus piedras mágicas, dictaminó:

—Tu hijo se aliviará si frotas su frente con un alita de abeja.

El pájaro, en agradecimiento, le ofreció al curandero una piedrecita hueca llena de agua de coco y, despidiéndose, voló a casa de su amiga.

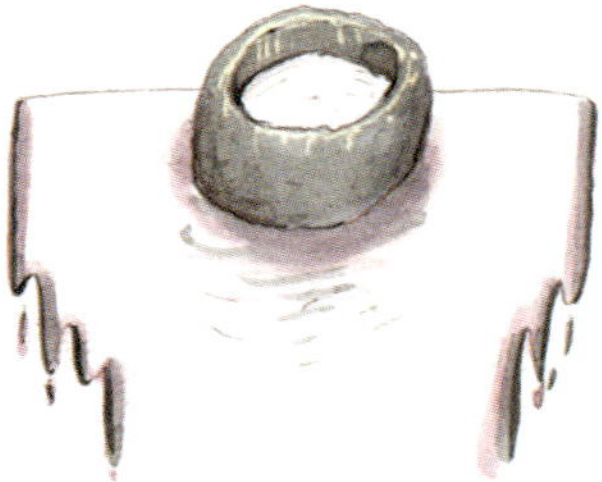

—Necesito que me ayudes a salvar a mi hijo —le pidió—; el curandero dice que frotando su frente con una alita de abeja se aliviará. Regálame una de tus alas.

—Lo siento mucho, pero no puedo quedarme sin una de mis alas. Ve a pedírsela a otra abeja —respondió.

Desesperado, el pájaro buscó ayuda en todas las colmenas, pero ninguna abeja quiso desprenderse de una de sus alas.

Hasta nuestros días, los pájaros cassolo no han perdido la esperanza de que alguna abeja caritativa escuche sus súplicas y recuerde los tiempos de su amistad. Con gritos y aleteos, indican hoy a las personas y a los animales el sitio dónde las abejas esconden su miel.

EL HOMBRE ARAÑA Y LA SERPIENTE

Una serpiente pitón gigantesca apareció en la orilla del río Níger. Atemorizaba a los ashanti, los habitantes de la zona, porque devoraba cuanto anduviera por sus riberas. En el poblado, decidieron pedir ayuda a Kwaku Ananse, que quiere decir Hombre Araña.

—¿De qué tamaño es la serpiente? —preguntó Kwaku Ananse al oír los temores que le expusieron—. ¿Es mayor que mi choza?

—Mucho mayor.

—¿Mayor que seis chozas juntas?

—Ése es su tamaño, pero muy gruesa y muy fuerte.

—Escuchen bien: mañana, con los primeros rayos del sol, deben llevar a la orilla del río un recipiente muy grande con puré de palma, algunos huevos y una calabaza llena de vino.

Al día siguiente, antes de que el sol saliera, el Hombre Araña tomó su hacha y se adentró en la jungla. Cortó un árbol y algunas lianas, y pidió a sus hijos que llevaran el tronco a orillas del río. El puré, la calabaza con vino y los huevos estaban ya debajo de una palmera.

Kwaku Ananse se sentó sobre el tronco que había cortado, justo al lado de la boca de la madriguera de la serpiente, e inició una conversación

consigo mismo. A veces hablaba fuerte y luego muy bajito, alternando las voces.

La serpiente despertó y se quedó en la madriguera intentando entender las palabras que le llegaban del exterior:

—¡Que sí, que sí, que te lo digo yo! —decía la voz fuerte—. Es enorme, muy gruesa y muy hermosa. No acabo

de entender por qué no les gusta a los hombres. Que te lo digo yo, es una estupenda compañera...

—¡Mentira, mentira, mentira! Es pequeña y delgada y muy fea

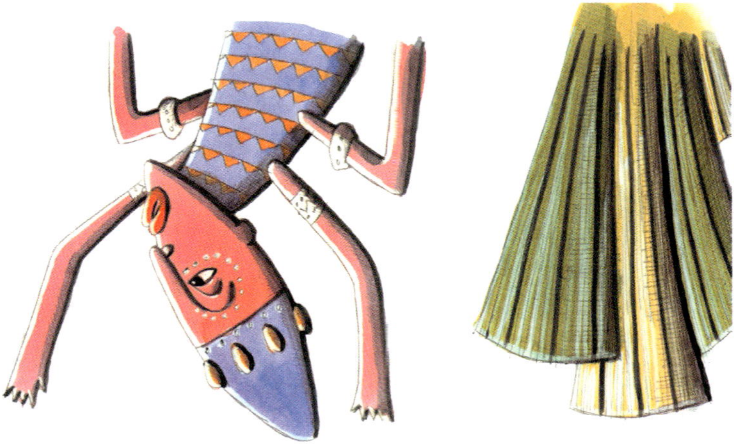

—respondía la voz débil—. Además, no me extraña que la gente le tenga miedo: les quita los animales.

—¡No, no, no y mil veces no! —volvió a decir la voz fuerte—. La serpiente es una buena compañera. No tiene la culpa de tener hambre. Si

le ofrecieran puré de palma, huevos y vino, no tendría por qué llevarse a los animales.

—¿Quién dice que los ashanti somos mezquinos? —gruñó la voz profunda con rabia—. ¡Haré que te tragues tus palabras!

Y la serpiente escuchó golpes y pisadas. Llena de curiosidad, asomó la cabeza, se deslizó por la orilla del río y salió del agua con sus largos anillos aún más brillantes por el sol.

Por un momento Kwaku se quedó petrificado pero saludó a la pitón como si fuera su amiga.

—Eres como yo decía que eras. ¿No me oíste discutir con ese necio? Ahora ven, acércate y come lo que te he traído.

La pitón tenía tanta hambre que se tragó el puré y los huevos y se bebió el vino. Al cabo de un rato, el Hombre Araña le dijo:

—Quiero pedirte un favor: he estado discutiendo con ese hombre necio sobre tu tamaño. Decía que ni

siquiera conseguirías dar la vuelta a su choza; yo, que eras tan, pero tan larga como seis chozas juntas. ¿Podría medirte con ese tronco que está tirado?

El vino había hecho su efecto y la pitón se estiró a lo largo del tronco.

—Y bien, ¿cuánto mido?

—No te apresures, tengo que medirte a la manera que medimos los

ashanti, así que con estas lianas voy a atarte al tronco.

Y Kwaku Ananse agarró las lianas y dio vueltas y más vueltas alrededor de la pitón y del tronco.

—¡Desátame ya! —dijo la pitón preocupada—. Estas lianas me aprietan y el sol está muy fuerte...

El Hombre Araña rió y con voz fuerte llamó a los habitantes del poblado. Cuando éstos llegaron, no lo podían creer: allí estaba la enorme pitón atada.

Desde entonces, la gente ha ido tejiendo historias *anansesem*, que cuentan ésta y otras hazañas sobre la astucia del Hombre Araña.

EL CUERVO ROBA EL SOL

Hace mucho, mucho tiempo, los hombres vivían en la oscuridad, pues no había estrellas ni luna ni sol, y la única luz que se conocía era la de las fogatas.

Por aquel entonces el cuervo era totalmente blanco, desde la punta de las garras hasta la punta de las alas.

El cuervo sabía que el jefe de la tribu guardaba el sol, la luna y las estrellas en tres inmensos cofres de madera labrados y pintados de amarillo, de blanco y de azul respectivamente.

Los cofres estaban custodiados en el centro de la casa del jefe, y nadie podía acercarse a ellos. Ni siquiera su esposa o su hija.

Una tarde el cuervo se posó sobre el tiro de la chimenea y escuchó el lamento del jefe de la tribu. Le decía a su esposa que se sentía viejo y que le apenaba sobremanera comprobar que su hija no tenía descendencia. Deseaba un nieto, y temía morir y que su linaje se perdiera.

En ese mismo instante, el cuervo blanco tuvo una feliz idea. Se convirtió en un bebé y se colocó a la entrada de la casa. El jefe oyó un llanto, abrió la puerta y grande fue su sorpresa al encontrarse con un niño.

Lo tomó amorosamente en sus brazos, lo llevó cerca de la chimenea y pidió que le trajeran leche.

Era tan intenso su deseo de tener un nieto que le pareció que ese pequeño se lo enviaban los dioses. En su regocijo, no le importó ni el origen del bebé ni su insistente llanto; él lo cuidaba y lo abrazaba con ternura como si fuera sangre de su sangre.

Pasados unos meses, el niño empezó a dar sus primeros pasos y a descubrir el mundo que lo rodeaba. Una mañana que no cesaba de llorar, el niño señaló el cofre azul. Quería jugar con él, y el jefe, para complacerlo, se lo permitió.

En un segundo, el niño abrió el cofre y las estrellas salieron y se posaron en el firmamento. El abuelo lo vio tan contento que nada dijo.

Al día siguiente, el niño volvió a llorar y a encapricharse con el segundo cofre, que era el de color blanco.

Con tal de verlo feliz, el abuelo le permitió también jugar con él y el niño lo abrió. Embelesado, el niño pudo contemplar el círculo plateado de la luna subiendo al cielo; el abuelo se emocionó al mirar el reflejo luminoso en los ojos del niño.

Faltaba el último cofre, al que el jefe de la tribu apreciaba más que ninguna otra cosa.

El niño comenzó a llorar y el abuelo intentó distraerlo con sus juguetes. El niño insistía en que quería abrir el cofre amarillo y el abuelo no tuvo corazón para negárselo. Cuando las pequeñas manos destaparon el último cofre, el sol, como una inmensa burbuja de fuego, empezó a escalar el cielo, dando su luz y su calor sobre la tierra.

En el momento en que el sol ascendía al cielo, el niño se convirtió nuevamente en cuervo y el jefe comprendió el engaño. Sintiéndose burlado, intentó atrapar al pájaro blanco y éste se metió en la chimenea, subió por el tiro y se cubrió de hollín.

¡Cuál no sería la sorpresa del cuervo al ver, a la luz del sol, que todo su plumaje y también su largo pico se habían vuelto de color negro azabache!

Pero al cuervo no le importó. Se sentía feliz por haber cumplido su misión en la tierra: los hombres disfrutarían de la luz y del calor del astro rey todos los días, y ningún jefe podría atesorar para sí mismo este regalo de los dioses.

EL ORIGEN DEL RÍO AMAZONAS

Hace muchísimos años vivían en la selva dos hermanos mellizos huérfanos a los que cuidaban sus abuelos. En aquel tiempo el agua era muy escasa pues no existían ríos ni arroyos ni lagunas.

El único que sabía dónde encontrar agua era el abuelo, pero guardaba celosamente el secreto. No muy lejos de la casa de los abuelos había un estanque que todos los días amanecía a rebosar. Y es que, cada madrugada, el abuelo lo llenaba con agua que traía de aquel sitio desconocido.

Los mellizos tenían que transportar el agua desde el estanque hasta la casa para que la abuela cocinara y preparara el masato, la bebida favorita de los habitantes de la selva.

Un día, uno de los hermanos, cansado de cargar y cargar agua, siguió al abuelo para averiguar de dónde la sacaba. Sabía que, si se lo preguntaba, el abuelo nunca se lo diría y tampoco quería ser descubierto mientras lo vigilaba. Después de mucho pensarlo, el muchacho decidió transformarse en pájaro picaflor para que el abuelo no lo reconociera. Volando de flor en flor, lo siguió por la senda que se adentraba en la selva.

Cuando hubieron caminado un buen trecho, llegaron hasta un gigantesco árbol del cual brotaba un inmenso chorro de agua.

El muchacho, feliz por haber descubierto un secreto tan bien guardado, se lo comunicó a su hermano. Entre los dos reunieron a las ardillas, a los conejos, a los ratones, a los tucanes y a los pájaros carpinteros, y les pidieron ayuda para talar el árbol.

Los animales trabajaron todo el día. Pero el árbol era tan grande que no consiguieron terminar su tarea. Casi al anochecer, cuando faltaba poco para derribar el tronco, decidieron continuar al día siguiente. Estaban realmente cansados de tanto esfuerzo.

Por la mañana, acudieron a continuar el trabajo comenzado y encontraron el árbol sin un solo rasguño. Comenzaron de nuevo pero, este segundo día, pasó lo mismo. Y al tercero. Y al cuarto. El árbol, casi talado al anochecer, aparecía intacto por la mañana.

Entonces, los mellizos volvieron a acechar al abuelo y así descubrieron que él, por las noches, curaba al árbol con gran cuidado para que el agua pudiera seguir manando sin descanso. Por eso al día siguiente amanecía sano.

—¿Qué podemos hacer para que el abuelo no cure al árbol? —dijo el que se había transformado en pájaro picaflor.

—Debemos evitar que mañana llegue hasta el árbol, así los animales podrán terminar de talarlo —respondió el otro de los mellizos, que aquella misma noche se transformó en alacrán.

Entonces, cuando el abuelo se dirigía en secreto a curar al árbol, lo picó en el dedo gordo del pie derecho. En ese momento, el árbol herido se derrumbó estrepitosamente y toda la selva retumbó.

Al caer el árbol, de él comenzó a brotar gran cantidad de agua. Su tronco se convirtió en el río Amazonas; las ramas, en sus afluentes;

las hojas y las espinas, en las diversas especies de peces que nadan en el gran río.

Los gusanos de varios colores que recorrían la corteza del gran árbol cayeron al suelo y se transformaron en la gente blanca, la gente negra y la gente mestiza. Ése fue el origen de todas las razas que habitan hoy la selva del Amazonas.

EL CACTO Y EL JUNCO

Después de un día de duro trabajo, Tintoba, un joven alto y fuerte, fue a bañarse a la laguna. Estaba tan cansado que, tras el baño, se sentó bajo un sauce y se quedó dormido.

Las risas de unas mujeres lo despertaron y una de ellas le ofreció agua de su cántaro. A Tintoba le bastó mirarla para quedar enamorado.

Al día siguiente no pudo dejar de pensar en ella; al otro día no pudo comer ni dormir; al tercero salió a buscarla para calmar su desasosiego. Recorrió un pueblo, y otro y otro, y, como en ninguno la encontró, decidió quedarse en la aldea más cercana al lugar donde la había encontrado. Allí Tintoba aprendió a tejer y a teñir lanas.

Meses después, una mañana Tintoba escuchó el griterío de unos niños. Se asomó a su puerta y vio una rica comitiva cargada de pieles, plumas y joyas. Las llevaban como presentes para la hija del cacique.

Esa noche, paseando su dolor no muy lejos de la laguna, Tintoba encontró a una bella muchacha llorando, acurrucada contra el tronco de un árbol.

Ella alzó sus ojos brillantes y él la reconoció: ¡era la misma que le había ofrecido agua de su cántaro! Se llamaba Súnuba y había sido prometida en matrimonio al cacique guerrero; no quería casarse con él, pero su padre la obligaba.

Tras este nuevo encuentro, acordaron reunirse más adelante. Súnuba se fue a casa de su padre. Tiempo después Tintoba supo que el padre había partido a luchar contra otra tribu y buscó de inmediato a Súnuba. Así, los enamorados pudieron visitarse y compartir su felicidad.

Súnuba se puso más hermosa que nunca y, un poco antes del regreso de su padre, huyó con su amado al valle de donde él era originario. Juntos sembraron árboles frutales que dieron jugosos frutos. La vida les sonreía.

Pero una tarde encontraron en su casa a un mensajero del cacique. ¡Por fin los había encontrado!

Los jóvenes comparecieron ante el gran sacerdote chibcha que decidía el destino de los hombres, y éste ordenó que ella debía despedirse del joven y volver al hogar paterno.

Al llegar, el padre la miró con severidad y le dijo:

—Yo te prometí, siendo niña, a un cacique amigo mío.

—Yo no quiero casarme con él —respondió Súnuba.

—Mi palabra debe cumplirse.

Súnuba, llorando, afirmó:

—Es mi amor lo que debe cumplirse.

Y, dándole la espalda al padre, corrió a reunirse con Tintoba.

El muchacho, mientras tanto, también había salido en busca de

su amada, cuya ausencia no podía soportar. Casi en el límite del valle, en las inmediaciones de una laguna, se divisaron a lo lejos. Uno y otro corrieron a abrazarse.

Un ruido retumbó por todo el valle y la tierra se estremeció.

En su carrera, Tintoba sintió de pronto que sus piernas se hacían lentas y dejaban de obedecerle; su cuerpo, antes joven y flexible, se iba transformando en un cacto lleno de espinas. Súnuba quedó presa en el fango de la orilla de la laguna y se convirtió en un grácil junco mecido por el viento.

El valle quedo de nuevo tranquilo y silencioso.

Los dos amantes permanecen allí: un cacto no lejos de la laguna y, en la orilla, un junco que se mece. Se contemplan todos los días, pero no pueden hablarse.

LA LEYENDA DEL MAÍZ

Hace muchísimo tiempo, la comida empezó a escasear sobre la faz de la tierra. Los hombres se veían tan delgados como una lombriz y sus fuerzas flaqueaban. Quetzalcóatl, preocupado, decidió buscar alimento en la planicie.

Buscó y buscó, pero sólo halló pasto seco y tierra inerte. Subió a los cerros y bajó a los valles, registró cada rincón y no encontró más que piedras roídas por el viento.

¿Cómo y dónde podría conseguir comida para los hombres? Mientras reflexionaba, miró a una hormiga roja que llevaba un enorme grano de maíz sobre su lomo.

—Hormiga roja, ¿dónde encontraste ese grano?

—Es mi secreto, no puedo compartirlo con nadie.

—¿Ni con Quetzalcóatl?

—Aunque te lo dijera, no podrías llegar hasta los granos; la entrada es muy estrecha y de nada te serviría saber el secreto —respondió la hormiga.

—Los hombres pueden morir de hambre, es importante que me ayudes.

—Está bien, por tratarse de ti te lo diré: los granos se encuentran en el Monte de los Sustentos.

—Acompáñame allá —le pidió Quetzalcóatl.

—Si te conviertes en mi amigo, te llevaré —dijo la hormiga.

Y Quetzalcóatl se convirtió en hormiga negra. El camino era sinuoso: subieron y bajaron cuestas, cruzaron con gran esfuerzo por encima de las ramas, caminaron entre piedras… Y no había agua para beber.

Después de mucho tiempo, cruzaron un estrecho y oscuro túnel que los condujo al Monte de los Sustentos.

Y allí estaba el preciado tesoro: miles y miles de granos de maíz. El maíz amarillo era reluciente como los rayos del sol; el maíz blanco brillaba como las estrellas del firmamento; el maíz azul parecía el cielo antes de la tormenta; y el maíz rojo recordaba un esplendoroso atardecer.

Quetzalcóatl tomó algunos granos de maíz y los llevó a la tierra para que los hombres pudieran comer.

Después de alimentarlos, los hombres se lo agradecieron de todo corazón. Quetzalcóatl volvió al Monte de los Sustentos y quiso atarlo con cuerdas para llevárselo, pero el monte era muy pesado. Pidió entonces ayuda al dios del rayo para despedazar el monte.

—¿Por qué motivo he de destruir algo tan bello? —preguntó el dios del rayo.

—Para alimentar a los hombres.

Tremendos rayos y relámpagos golpearon repetidas veces el monte hasta despedazarlo.

Con ayuda de las hormigas, Quetzalcóatl hizo montones de maíz blanco, de maíz amarillo, de maíz azul y de maíz rojo. Era tal la cantidad, que se dio cuenta de que resultaría imposible transportar todos los montones.

Llamó entonces al dios de la lluvia para que le ayudara a lanzar los granos en todas las direcciones.

—¿Por qué motivo he de dispersar el maíz? —preguntó el dios de la lluvia.

—Para que los hombres puedan sembrar sus granos y nunca más les falte el alimento.

Y así fue como el dios de la lluvia ordenó que se desatara una gran tormenta que hizo retumbar los cielos y llovió de forma torrencial.

Con la lluvia, se formaron ríos en el Monte de los Sustentos, y la corriente dispersó los granos por todas partes.

Desde entonces, los hombres cultivan el maíz que los protege del hambre.

EL ORIGEN DE LA NOCHE

Hace cientos de años, los indios aché ya habitaban las selvas del Paraguay. Eran grandes recolectores y cazadores, y como por aquel entonces la noche no existía, nunca podían descansar.

El sol estaba siempre en lo alto del cielo y brillaba sin cesar.

En el centro de la selva, Baio tenía encerrada en una enorme olla de barro a la oscuridad. Dentro de ella también permanecían prisioneros los pájaros y otros animales nocturnos.

Un día, un padre y su hijo salieron de cacería y, persiguiendo una presa, se alejaron del poblado más de lo habitual. Llegaron a un lugar desconocido, en el centro de la selva, y encontraron la enorme olla.

—¡Vámonos de aquí! —dijo el padre atemorizado—. Esta olla es de Baio, el genio de la selva, y si él nos encuentra en sus dominios se enojará.

—Espera un poco… —contestó el muchacho—. Nunca he visto una olla tan grande y me gustaría saber qué hay dentro.

—No seas curioso y obedéceme, hijo. Te repito que esta olla es de Baio y no me gustaría encontrarme con él.

—¡Qué miedoso eres! —repuso el hijo—. Baio no tiene por qué enterarse de que estamos aquí, y quizá la olla tenga algo que nos beneficie… —y diciendo esto el joven tomó un palo y comenzó a golpear el recipiente.

A pesar de su tamaño, la olla era frágil, y con los golpes se formó una grieta por donde comenzaron a salir todas las criaturas nocturnas. La luna, asustada, huyó de su prisión y se ocultó de inmediato en las tinieblas. Baio, muy enojado, corrió a esconderse también en la noche.

La oscuridad invadió la selva y cayó sobre todos los seres, que no podían ver nada. No quedó ni un rayito de luz en ningún rincón.

Ahora era el muchacho quien temblaba de miedo. A tientas, él y su padre regresaron a la aldea.

—¿Qué ha sucedido? ¿Dónde se ha metido el sol? —preguntaban aterrorizados los demás habitantes del poblado.

El muchacho tuvo que confesar su culpa:

—Rompí la olla de Baio —dijo gimiendo—, y de su interior surgió esta negrura.

Pasaban los días y el cielo seguía totalmente oscuro. Nadie se atrevía a penetrar en la selva, donde monos, lechuzas y búhos ululaban, rugían las fieras y un sinfín de animales desconocidos se movían amenazantes entre las sombras.

—¿Qué hacemos para que vuelva a salir el sol? Si no sale, moriremos de hambre... —se lamentaban todos.

Los hombres hicieron ofrendas y promesas, pero el sol no brilló. Al muchacho se le ocurrió quemar cera de abejas. El humo de la cera subió al cielo, despejó la oscuridad e hizo que el sol despertara y empezara a caminar de nuevo.

Entonces, el sol y la luna, el día y la noche, la luz y la oscuridad, se pusieron de acuerdo y se alternaron cada día. Los hombres pudieron cazar y salir a buscar frutos para ganarse el sustento. Y pudieron también descansar después de sus tareas.

En un principio no les fue fácil acostumbrarse a la nueva situación, pero pasados unos días entendieron que hay momentos para trabajar y momentos para descansar.

A partir de ese día, los indios aché queman cera de abejas durante sus ceremonias para recordar que, con esa ofrenda, lograron que el sol volviera a lucir.

LA NOCHE DEL ARMADILLO

Los pobladores de la selva tejieron techos de paja en sus cabañas y bajo ellos colgaron sus hamacas para poder descansar. Pero algo faltaba.

—¿Para qué queremos nuestras hamacas si no podemos tumbarnos sobre ellas? Como no hay noche, no tenemos tiempo de descansar —se quejaban los hombres al regresar de las cacerías y de la pesca.

—El sol alumbra todo el día y nosotras cocinamos sin reposo —decían las mujeres—; nuestras familias no descansan y tienen hambre todo el tiempo.

Un día, la mamá de Cochipil descubrió que el ratón tenía una noche en su cueva. Se lo contó a su hijo en secreto y éste fue a ver la noche del ratón.

—Ratón, si me prestas tu noche, te traeré comida —le dijo Cochipil.

Al ratón le brillaron los ojitos negros y aceptó el pacto.

Después de comer lo que el niño le llevó, comenzó a salir de sus ojos y de sus orejas un aire negro que subió al cielo y cubrió el sol.

Por vez primera, los habitantes de la selva vieron caer la oscuridad y se tendieron sobre sus hamacas. Estaban tan cansados que cerraron los ojos y enseguida se quedaron dormidos. Ésa fue la primera noche.

Pero, casi de inmediato, empezó a amanecer.

—¡Qué poco nos duró el descanso! —se decían unos a otros.

—Hay que conseguir una noche más larga —propuso uno de los cazadores.

Y partieron selva adentro en busca de una noche que pudiera dar reposo a los habitantes del poblado. Los cazadores encontraron al tapir comiendo hojas tiernas.

—Si nos prestas tu noche, te perdonamos la vida —le dijeron.

Y el tapir, asustado por la amenaza, accedió: de sus orejas y de su pequeña trompa salió una noche muy espesa que cubrió todo el territorio visible. Ésa fue la segunda noche.

Camino de su aldea, los cazadores descubrieron entonces, llenos de admiración, las estrellas que poblaban el cielo inmenso y oscuro.

Hombres y mujeres se tendieron en sus hamacas, durmieron largas horas y soñaron muchos sueños.

Al despertar, comprobaron que la maleza se había apoderado del poblado.

—La noche del tapir es demasiado larga —dijo el jefe de la aldea.

—Hasta nuestras cocinas desaparecieron bajo los matorrales —se quejaron las mujeres.

—Mi hijo encontró una noche muy corta —dijo la madre de Cochipil—;

los cazadores, una demasiado larga. Yo buscaré la noche que nos convenga.

La madre de Cochipil salió caminando entre los montes y los valles hasta que encontró a un armadillo en su madriguera.

—¡Despierta! —le gritó.

Pero el armadillo ni se movió. Le hizo cosquillas entre los anillos de su armadura hasta que él asomó su cabecita somnolienta.

—Si me das tu noche, te daré todas las sobras de mi comida.

—Está bien, pero te presto una sola noche. Después me la devolverás.

Y el armadillo salió de su madriguera y prestó su noche.

El sol descendió poco a poco mientras la madre de Cochipil regresaba al poblado. Hombres y mujeres tuvieron tiempo de terminar sus tareas, encendieron fogatas y conversaron alegremente. Cuando

brillaron las estrellas, se acostaron en sus hamacas y la dulzura de aquella tercera noche cerró todos los ojos.

Después de un buen sueño, todos estuvieron de acuerdo en que la noche del armadillo era la mejor. Y no quisieron devolvérsela.

Por eso el armadillo duerme durante el día y corretea sin descanso en la oscuridad, buscando sin cesar la noche que jamás le fue devuelta.

ATARIBA Y NIGUAYONA

La pequeña Atariba estaba enferma. Los cuidados de su madre y los remedios de los ancianos no parecían hacer efecto.

Niguayona, su mejor amigo, la miraba con tristeza mientras

ella dormía en su cabaña. Recordaba cuando paseaban despreocupados por la orilla del río. Apenas unos días antes, Niguayona le había regalado un hermoso collar hecho de conchas y piedrecillas verdes.

Pasaba el tiempo y Atariba no mejoraba. Niguayona paseaba solo por el río haciendo sonar su caracol.

—¿Qué haré para curar a mi amiga? —se preguntó en voz alta.

Un papagayo verde y rojo que oyó su lamento se posó sobre su hombro y le dijo:

—Me ha conmovido tu tristeza. Como tienes un corazón puro, te diré un secreto de la selva que puede serte útil. En la parte más lejana del bosque crece un alto árbol caimoní;

recoge su fruto, ponlo en los labios de Atariba y ella se curará.

Niguayona corrió al pueblo y les contó lo sucedido a sus padres. Ellos estuvieron de acuerdo en que fuera en busca del alto caimoní.

Niguayona se internó en el bosque. Las ranas cantaban y las lechuzas chillaban a medida que se ocultaba el sol. La noche llegó y Niguayona se sentó a descansar debajo de un frondoso árbol. Sacó su pan, lo comió y se acostó a dormir.

Al día siguiente, mientras atravesaba el bosque, encontró una hermosa chirimoya debajo de un montón de hojas.

—¡Qué buen aspecto tiene! —se dijo.

Pero en lugar de comerla, Niguayona se guardó el verde fruto en su morral pensando que, si no encontraba la fruta del caimoní, tal vez la chirimoya surtiera efecto sobre los labios de Atariba.

Pasaron varios días y el muchacho se desesperaba porque era imposible

encontrar el caimoní. Las espinas del bosque le arañaban la piel, los insectos le incordiaban y tenía hambre y sed. Guardó intacta la chirimoya, sin probarla, pensando que quizá ése fuera el remedio par su amiga. En este estado, se encontró en la orilla de un río ancho y profundo.

—¿Cómo podré cruzar este ancho río? Si no me apuro, Atariba morirá. ¿Dónde estará el caimoní?

Entonces, Niguayona lloró desconsoladamente.

A su lado, en la orilla, vio que algo brillaba. Era la chirimoya.

—Yo alumbraré tu camino —le dijo a medida que se elevaba sobre la copa de los árboles y se convertía en un cometa.

En ese momento el río llamó a Niguayona:

—Salta sobre el lomo de mis aguas para poder cruzarme.

El muchacho saltó y atravesó las aguas anchas y profundas. Al llegar a la otra orilla descubrió el alto caimoní en el bosque.

Subió a la copa del árbol y cortó una fruta de la rama más alta.

De regreso volvió a montar sobre el agua y ésta lo condujo a la misma orilla donde una vez caminara al lado de Atariba.

—¡Deprisa! —le gritaron las gentes del poblado cuando lo vieron llegar—, Atariba se está muriendo.

Niguayona corrió al pueblo y se acercó al cuerpo de su amiga. Le colocó la fruta sobre los labios que ardían en fiebre. Atariba abrió los ojos húmedos y brillantes. Se sentó sobre su estera y miró a su alrededor.

Pocos días después, Atariba, con el collar de conchas y piedras verdes, y Niguayona volvieron a pasear juntos por la orilla del río. Un papagayo verde y rojo les observaba complacido, y toda la selva inmensa les protegía con su incesante arrullo.

LA LUCIÉRNAGA Y LA ZARZA

Una gran luciérnaga de vivos colores partió de viaje para visitar a unos familiares que vivían al otro lado de la comarca. Emprendió el vuelo a la salida del sol pero el camino era largo

y al atardecer se sintió cansada. Decidió pasar la noche sobre una vieja zarza solitaria que encontró en un cerro.

La zarza, además de vieja, estaba deshojada y encorvada. La zarza admiró la belleza de la luciérnaga: le gustaron su manera de volar y el zumbido de sus alas. La alimentó con sus frutos y le dio conversación hasta bien entrada la noche. Al cabo de unas horas, la zarza se atrevió a hacerle una propuesta:

—¿Quieres casarte conmigo, luciérnaga? —le preguntó ilusionada, pero la luciérnaga se hizo la dormida.

—¿Quieres casarte conmigo? —preguntó la zarza más fuerte.

—¡Qué dices! Estás muy vieja y fea para mí, zarza. Mírate bien: deshojada y encorvada... ¿Cómo iba yo a casarme con alguien así?

Y, con el primer rayo de sol, la luciérnaga emprendió su camino.

Permaneció con sus familiares varias lunas, hasta que una mañana llegó el momento de despedirse y emprendió el viaje de regreso.

La luciérnaga voló por lugares que ahora le resultaban conocidos. Al llegar al cerro donde vivía la zarza, se llevó una enorme sorpresa: la zarza había rejuvenecido y vestía hojas de un verde intenso adornadas con flores blancas. Asombrada por la transformación, se acercó a contemplarla y a saludarla:

—¡Qué bonita estás, zarza! ¿Querrás casarte conmigo?

Pero la zarza permaneció en silencio.

—¡Cásate conmigo, zarza! —repitió la luciérnaga, encandilada por el aspecto de la zarza.

—No, no me casaré contigo —contestó la zarza.

—Al menos, dime qué hiciste para ponerte tan bonita —le rogó la luciérnaga.

—Yo no hice nada. Unos hombres me prendieron fuego y con eso me volví joven y bella otra vez.

La luciérnaga vio que, no muy lejos de allí, los hombres habían encendido una fogata. Sin pensárselo dos veces, se acercó a las llamas con la intención de probar el misterioso remedio que tan buen resultado le había dado a la zarza.

—¡También yo quiero ser más joven!

Pero, apenas la rozaron las llamas, sintió que se quemaba y un profundo dolor la invadió.

Volando desesperada llegó ante la zarza:

—¡Zarza, zarza! ¡Me quemo! ¡Me quemo! ¡Ayúdame!

—Frótate con una de mis hojas —le ofreció la zarza compasiva.

La luciérnaga se frotó con todas sus fuerzas para apagar el fuego. Cuando pudo contemplarse, vio que estaba toda chamuscada: todo su cuerpo se había puesto ceniciento aunque una pequeña chispa brillante quedaba en la punta de su cola.

La luciérnaga quiso quitarse la chispa y se frotó contra otra hoja, sin conseguir nada. Lo intentó contra una rama e incluso contra el tallo de la zarza… Pero fue inútil. Comprendió que su nuevo color y la chispa de su cola la acompañarían para siempre.

Avergonzada por su aspecto, toda raspada y ennegrecida, partió la luciérnaga hacia su casa.

Desde entonces, las luciérnagas tienen ese color negruzco pero conservan una lucecita en la cola, con la cual iluminan las oscuras noches. Y desde entonces también, las luciérnagas rondan las zarzas cuando están en flor, con la esperanza de poder enamorarlas algún día.

LOS CUERVOS PLATEADOS

Hace muchos, muchísimos años, una bandada de cuervos llegó a Australia durante una tempestad. Agotados por la travesía, anidaron en su nueva tierra en las ramas más altas de los árboles.

Los cuervos recién llegados no fueron bien recibidos. Sus plumas eran plateadas como las estrellas y las otras aves envidiaban su aspecto. Los lagartos y las serpientes se pasaban los días en sus guaridas porque el brillo de las alas de los cuervos los atemorizaba.

Con todo esto, los cuervos estaban tristes porque nadie los quería.

—¿Qué podemos hacer para ser felices? —se preguntó un viejo y sabio cuervo mientras pasaba una de sus alas por su cara para secar las lágrimas.

Cuando los otros cuervos vieron llorar al más sabio, lloraron con él. La bandada era tan grande que las lágrimas de todos ellos formaron cascadas

y lagos salados en mitad de la pradera. Meses más tarde, cuando ya ninguno tenía fuerzas para seguir llorando, el viejo y sabio cuervo habló de nuevo:

—Lo que causa este dolor es el tono de nuestras plumas, así que debemos cambiarlas. Si los habitantes de este lugar son de piel oscura, seamos como ellos para que nos acepten.

Y los cuervos comenzaron a buscar tierra negra con la que teñir su plumaje. Sobrevolaron cañadas, bosques y lechos de ríos, pero no encontraron nada que les fuera útil.

Desesperanzados, se posaron en la parte más alta de unos árboles. Desde allí vieron unas mujeres sentadas alrededor de una hoguera en la que asaban carne para su comida. Los cuervos observaron que, al ponerla sobre la lumbre, la carne se ponía negra.

El viejo cuervo los llamó y les dijo:

—Sé que en pocas semanas llegará la estación en la que los hombres queman el bosque para que reverdezca. Entonces aprovecharemos la ocasión.

Y así fue: los hombres prendieron fuego al bosque y éste avanzó con rapidez, consumiendo cuánto encontraba a su paso; los cuervos esperaron quietos al fuego y únicamente cerraron los ojos al quedar rodeados por las llamas.

Cuando el fuego se hubo apagado y abrieron los ojos, sus cuerpos estaban chamuscados y sus hermosas plumas plateadas habían desaparecido.

—Ahora no podremos volar… —protestaron los cuervos más jóvenes.

—Podremos hacerlo en cuanto nos vuelvan a salir las plumas —contestó el cuervo viejo—, y estaremos muy orgullosos de nosotros mismos.

Por un tiempo los cuervos se mantuvieron ocultos mientras crecía su

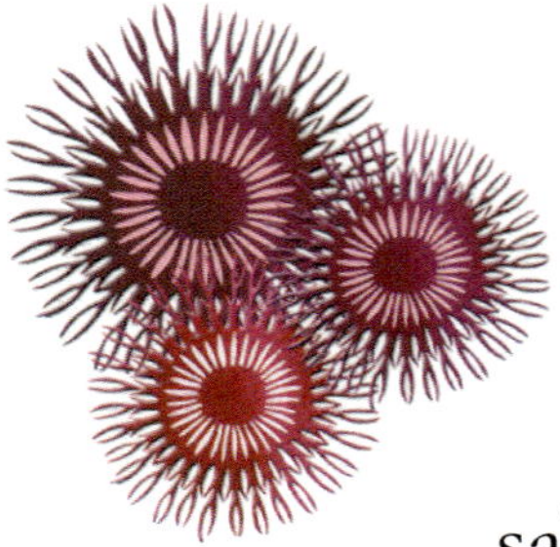

nuevo plumaje: las nuevas plumas resultaron negras y brillantes, y los ojos blancos y saltarines de los cuervos proyectaron felicidad. Satisfechos, abandonaron su escondite y volaron al aire libre.

—¿Son nuevas esas aves? —se preguntaban los animales.

—¡No! Son los cuervos, con sus nuevas y hermosas plumas… —se contestaban.

El viejo cuervo sonreía mientras miraba a los suyos estrenando su plumaje.

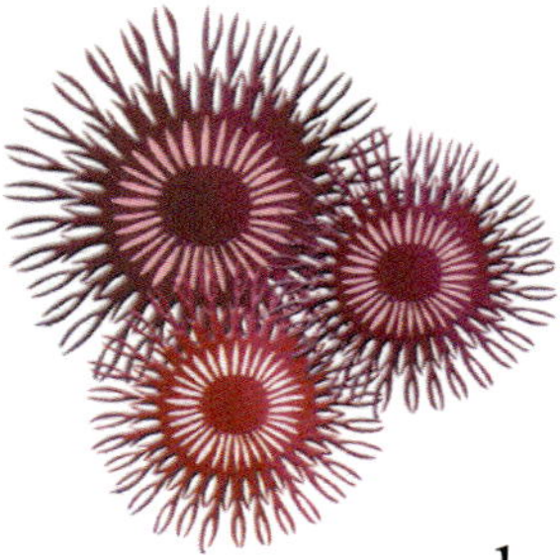

Aún hoy podemos ver los lagos salados en Australia que se formaron por las lágrimas de los cuervos plateados de aquellos tiempos. Los negros cuervos de nuestros días, descendientes de aquellos otros, ya no vuelan en bandadas. Además, siguen manteniéndose alejados del resto de los animales, de quienes nunca consiguieron hacerse amigos.

LOS ORNITORRINCOS

Una joven pata salvaje solía nadar sola por el río. Ya le habían advertido sus familiares que hacer tal cosa era muy peligroso: podía aparecérsele el demonio del agua y darle un buen susto. Pero a ella no le importaba, disfrutaba de sus paseos sobre el agua y nada le daba miedo.

Un día se alejó demasiado y una enorme rata de agua llamada Biggooon saltó de su escondite y la atrapó. Atrayéndola hacia su madriguera, le dijo la rata:

—Quédate conmigo y no te haré ningún daño. Me siento muy solo y quiero vivir contigo.

—¡Eso no puede ser! ¿No ves que yo soy una pata y tú eres una rata? Será mejor que regrese con los míos antes de que empiecen a preocuparse por mí…

Como Biggooon se dio cuenta de que no

conseguiría nada por las buenas, muy enfadado amenazó a la pata:

—Si intentas irte, te picaré con esta jabalina que llevo siempre preparada.

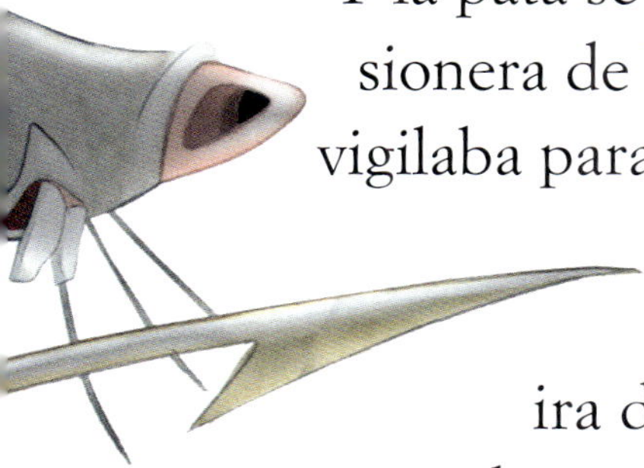

Y la pata se quedó como prisionera de Biggooon, que la vigilaba para que no escapara.

La pata, que en el fondo temía la ira de la rata, simuló que estaba muy contenta y que

quería quedarse. Pero por las noches lloraba porque extrañaba a los suyos y sabía que la buscaban.

Biggooon la dejaba salir por las noches sin vigilancia porque los demás patos, temerosos del demonio del agua, no osarían acercarse a sus territorios en la oscuridad.

Pasó el tiempo y a Biggooon se le acabó la desconfianza. Ya no espiaba a la pata y empezó a dormir de día.

Una mañana, cuando Biggooon estaba profundamente dormido, la pata salió sigilosa, fue al río y nadó corriente arriba, tan rápido como pudo, en dirección al campamento de los patos.

Biggooon despertó y quiso alcanzarla, pero en cuanto la pata lo oyó abrió las alas y voló hasta el campamento.

La recibieron llenos de alegría y conversaron días y días sobre todo lo ocurrido.

Había muchas cosas que querían preguntarle, y no se cansaban de oír cómo consiguió la pata escaparse. Ella estaba feliz de estar de nuevo en casa y de poder disfrutar de su libertad a sus anchas.

La época de cría se acercaba y las hembras buscaron un lugar donde anidar: el hueco de un árbol, la espesura de los arbustos, un escondrijo entre unas rocas... Cuando los nidos estuvieron listos y llenos de plumón suave, las patas pusieron sus huevos y comenzaron a empollarlos. Al nacer los pequeños, los padres los ponían en su espalda y los llevaban hasta el río.

La joven pata, la prisionera de Biggooon, incubó sus huevos y nacieron sus crías. Pero éstas tenían un aspecto muy especial: en lugar de plumón tenían pelo y en lugar de dos patas, cuatro. Su pico era como el de los patos y entre los dedos tenían también una membrana, pero en sus patas traseras crecía un espolón con el aspecto de la punta de la jabalina de Biggooon.

La pata, buena madre y orgullosa de sus hijos a pesar de todo, nadó hacia las montañas y continuó río arriba, hasta que el río

se convirtió en un arroyo a cuyas riberas crecían espesos matorrales. Allí vivió hasta que sus hijos crecieron.

Cuando la pata murió, sus hijos buscaron otros campamentos, pusieron sus propios huevos, los incubaron y cuidaron también de sus crías.

Sus descendientes se multiplicaron tanto que, en nuestros días, todavía es posible ver alguno. Viven en lugares montañosos de Australia donde hay arroyos y vegetación espesa. Se les conoce con el nombre de *gayardaree*, la tribu de los ornitorrincos.

EL DRAGÓN Y EL PAVO REAL

El emperador celestial invitó a los animales de la tierra a celebrar la gran fiesta de Año Nuevo. Todos recibieron la noticia con alegría. Todos menos el dragón, que se sentía la criatura más fea y deslucida de cuantas

existían. Y es que, por aquel entonces, los dragones tenían cabeza de camello, ojos de demonio, cuerpo y cuello de serpiente, patas de tigre y garras de águila.

Un día, mientras nadaba en el río, el dragón vio en la orilla al pavo real y se acercó a contemplar su belleza. Realmente era una animal deslumbrante, con su preciosa cola abierta y su delicada cornamenta de mil colores.

—¿Por qué estás tan triste, dragón? —preguntó.

—Porque no tengo nada que ponerme en la cabeza para la fiesta de Año Nuevo. ¿Me prestarías tu cornamenta?

El pavo real se quedo atónito con la petición y respondió:

—No puedo prestártela. Recuerda que yo también estoy invitado a la fiesta del emperador y quiero lucir allí mi cornamenta.

—Pero tú eres ya tan hermoso… Mira tu cola, nadie tiene una cola tan bella como la tuya. Tus cuernos no añaden nada a tu belleza, más bien la perjudican.

En ese momento, una carpa que había estado escuchando la conversación sacó su cabeza del agua y dijo:

—El dragón tiene razón. Tus cuernos te quitan esplendor. Préstaselos sólo por una noche.

El pavo real consintió y el dragón prometió devolverle los cuernos después de la fiesta.

Durante la celebración de Año Nuevo, todos admiraron lo bien que le sentaba la nueva cornamenta al dragón.

El emperador celestial lo invitó a sentarse a su lado y el resto de los animales lo trató con respeto reverencial.

El pavo real se puso muy celoso y deseó que le devolvieran su cornamenta cuanto antes.

A la mañana siguiente, muy temprano, corrió al río en busca del dragón.

—¡Devuélveme mis cuernos! ¡Quiero mis cuernos ahora mismo! —gritaba enfurecido.

El dragón salió del agua luciendo la fabulosa cornamenta sobre su cabeza y respondió muy tranquilo:

—Mi querido pavo real, me veo tan feo y tan triste sin tus cuernos que he decidido quedarme con ellos. Tú no los necesitas.

Y diciendo esto desapareció en las profundas aguas. El pavo real protestó con grandes chillidos y la carpa, al oírlo, sacó su cabeza del río tratando de averiguar qué sucedía.

—¡El dragón no quiere devolverme mis cuernos y es culpa tuya, carpa!

Tú me convenciste de que se los prestara, tú me garantizaste que me los devolvería…

Pero la carpa se rió con la historia y se alejó aguas abajo despreocupada de los problemas ajenos.

Y el pavo real, enojado, siguió gritando y gritando *cocorikooo*, *cocorikooo*, *cocorikooo…*, que es como grita también hoy día cuando algo le irrita.

El dragón, con sus hermosos cuernos, se convirtió en el animal más reverenciado de cuantos existen.

El emperador celestial, como muestra de aprecio por su fortaleza y sabiduría, le concedió el don de volar

y le otorgó el puesto de guardián de los cielos, de las aguas y de la perla mágica.

Además, no falta nunca a la fiesta de Año Nuevo, donde la gente de China baila la danza del dragón, que ahuyenta los malos espíritus durante todo el año que comienza.

LOS MONOS Y LA LUNA

En un espeso bosque vivía una feliz manada de monos. Como la comida era abundante y no les acechaban peligros, se divertían todo el día saltando entre las ramas y comiendo nueces y frutas maduras.

Una noche, mientras descansaban, vieron el reflejo de la luna llena en el lago del bosque.

—¡La luna cayó al lago! ¡Tenemos que salvarla! —gritó uno.

El mono viejo bajó del árbol, se acercó a las tranquilas aguas del lago y sentenció:

—¡La luna cayó al lago y puede ahogarse! ¡Hay que sacarla! —gritó.

—¡Saquémosla de prisa! —respondieron todos.

Y se pusieron a discutir la mejor manera de rescatarla. Los monos viejos creían que sería suficiente con encontrar una larga vara. Con ella, intentarían pescar a la luna.

Los más jóvenes opinaban que lo mejor sería tejer una fina red de ramas secas para lanzarla al agua y recoger con ella a la luna con sumo cuidado.

Y los más pequeños, que eran también los más intrépidos, sugirieron:

—Colguémonos de una rama alta y hagamos una cadena con nuestros cuerpos sobre las aguas del lago. Así podremos sacar a la luna y la colgaremos otra vez en el cielo.

La idea de los monos más pequeños fue admitida con entusiasmo por toda la comunidad.

El mono más fuerte se agarró de una rama resistente que se inclinaba sobre

el lago; el segundo se colgó de su cola y el tercero de la cola del segundo; y así, colgados unos de otros, hicieron una larga cadena hasta la superficie.

El más pequeño de los monos, el que había propuesto la idea, fue el último de la cadena. Alargó la mano para pescar a la luna pero, al cerrarla, sólo tomó unas gotas de agua; sobre la superficie del lago se formaron ondas y la luna se hizo añicos. El monito dio un grito de espanto:

—¡He roto la luna sin querer! ¡Se ha roto con sólo tocarla!

—¿Qué vamos a hacer ahora con los pedacitos de la luna? —dijo el mono viejo.

—Tenemos que pegarla, pero ¿con qué? —preguntó una mona.

—Podríamos pegarla con saliva —respondió otra.

—No, mejor con jugo de frutas —dijo el mono viejo.

Y mientras gritaban buscando la mejor solución, el agua se calmó poco a poco y reapareció la luna redonda y clara. El monito exclamó jubiloso:

—¡La luna ha vuelto a ser redonda!

Y extendió otra vez la mano para tomarla, pero esta vez la rama de la que estaban colgados se rompió y los monos cayeron al agua. Cuando a duras penas llegaron a la orilla, estaban mojados, asustados, y temblando de

frío. Volvieron a subir a las ramas altas del árbol, suspirando. Entonces, uno de los monos alzó la vista y gritó:

—¡Miren! ¡La luna ha vuelto a su lugar!

Y, para sorpresa de todos, allí es- taba, entera y redonda, en medio del gran cielo.

—Quizá cuando hicimos la cadena tuvo miedo de que la atrapáramos y volvió a subir a su lugar… —dijo el viejo mono, que no encontró mejor explicación, pero alguna tenía que dar.

En todo caso, la alegría de ver la luna intacta fue tanta que los mo- nos olvidaron el frío y el susto de

repente. Y toda aquella noche se dedicaron a celebrar la buena noticia: la luna estaba en su sitio y ellos, con abundante comida y sin peligros acechantes, no tenían que preocuparse por nada.

EL MONO Y EL COCODRILO

Un mono vivía en la copa de un árbol alto y frondoso situado a la orilla de un gran río. En las aguas del río nadaban los cocodrilos a la espera de alguna presa para saciar su hambre.

Día tras día, un viejo cocodrilo observaba desde el agua al mono que se balanceaba en las ramas de su árbol. Y su hambre aumentaba con ese espectáculo.

En una ocasión, el viejo cocodrilo se acercó a otro más joven y le dijo:

—Hijo mío, ¿alguna vez te he pedido algo?

—Jamás —le contestó el joven cocodrilo.

—Pues ahora que estoy viejo tengo un capricho que quizás tú puedas darme: se me antoja comerme el corazón de un mono.

—¿Y cómo voy a atrapar un mono? —objetó el joven cocodrilo—. Los monos no nadan en el agua y yo no puedo subir a los árboles…

—Eres inteligente, tú encontrarás el modo.

Durante la mañana siguiente, el joven cocodrilo observó con detenimiento a una familia de monos en la copa de los árboles; comprobó que discutían y se peleaban por la escasa comida que quedaba en esa orilla.

Al otro lado del río, en cambio, los árboles estaban llenos de frutas, y no había un solo mono que pudiera disfrutar de ella.

El cocodrilo se sumergió dejando entrever sólo su lomo y sus ojos, y se deslizó plácidamente hasta la orilla. Desde allí gritó al mono que estaba en la rama más baja:

—Amigo mono, ¿has visto qué cantidad de fruta hay del otro lado del río?

—¡Todos los días al levantarme es lo primero que veo! ¡Quién pudiera alcanzarla!

—¿Y nunca has pensado en cruzar el río para ir a comerte aquellos riquísimos plátanos?

—¿Cómo quieres que vaya si yo no sé nadar? —respondió el mono.

El cocodrilo ensayó entonces su tono de voz más amable para que el mono confiara en él.

—Yo podría llevarte encima de mi lomo. Sería un lindo paseo…

Al mono le pareció una buena idea. Bajó del árbol y subió al lomo del cocodrilo. Sólo podía pensar en los apetitosos plátanos que le aguardaban y no se daba cuenta del peligro.

En mitad del río, el cocodrilo se sumergió y el mono se hundió con él. Cuando el cocodrilo salió a la superficie, el mono tosía y echaba agua por la boca.

—¡Tú me dijiste que sería un lindo paseo! ¡En eso quedamos!

No te sumerjas más porque no sé nadar y acabaré ahogándome…

Allí, en medio del río, el cocodrilo supo que su presa ya no podía escapar y decidió confesarle sus intenciones abiertamente:

—Se me olvidó decirte que mi papá tiene antojo de comerse el corazón de un mono y he pensado que podría llevarle el tuyo.

—¡Ah, me lo tenías que haber dicho antes y así me habría traído mi corazón! Justamente hoy me lo dejé en el árbol…

—¿De verdad que dejaste tu corazón en el árbol? —preguntó el cocodrilo, desconfiado.

—¡Jamás te mentiría! Si quieres comprobarlo, llévame de regreso a mi orilla y te lo bajo. Pero ya que estamos tan cerca de la otra, vamos primero por mis frutos.

—¡De ninguna manera! Mi padre espera su corazón para comer y prefiero que vayas a tu árbol enseguida, lo cojas y me lo bajes.

Y, nadando a toda velocidad, el cocodrilo lo llevó a la orilla.

Apenas se acercaron, el mono dio un brinco y subió rapidísimo hasta la copa del árbol, desde dónde gritó:

—¡Aquí arriba está mi corazón! ¡Si lo quieres, ven por él!

Y el cocodrilo joven comprendió que su padre aún tendría que esperar mucho tiempo si quería disfrutar del manjar del corazón de un mono, porque los monos guardan su corazón con mucha inteligencia.

INTERCAMBIO DE PATAS

Una zorra y un alce que compartían amistosamente el mismo territorio se encontraron un buen día y se entretuvieron conversando.

—¿Qué hay de nuevo, amigo? —preguntó la zorra.

—Te contaré lo que me sucedió ayer. Cuando me iba persiguiendo un cazador, se me engancharon los cuernos en las ramas de un árbol; intenté zafarme, pero mis patas largas y flacas no me ayudaron. En el último momento, conseguí escabullirme… Puedes imaginar lo mal que lo pasé. ¿Y a ti, qué tal te va? —preguntó el alce.

—No muy bien, la verdad. Los cazadores también me acechan, y eso de tener patas tan cortas y la cabeza siempre tan cerca del suelo no me ayuda cuando tengo que huir. Ojalá pudiera mirar por encima de las hierbas altas y

de los arbustos, me sentiría más segura. Oye, se me está ocurriendo una idea: ¿y si intercambiáramos nuestras patas?

—¡Me encantaría! Yo sería mucho más ágil y pasaría más desapercibido… —respondió el alce.

Y así, como lo acordaron, lo hicieron. Con sus nuevas y largas patas la zorra miraba muy lejos a su alrededor y se sentía dichosa.

En su primera oportunidad, corrió veloz para atrapar una gallina, que se escondió en un gallinero.

La zorra metió entonces su pata por la rendija de los tablones del gallinero para echarle la garra a la

gallina. Pero, desafortunadamente, la pata del alce terminaba en una pezuña sin uñas y la zorra no pudo cazar ni un polluelo.

—¡Ay, pobre de mí! ¡Con mis afiladas garras podría al menos haber atrapado un pollito! ¿Qué haré ahora? —se dijo.

El alce, mientras tanto, se veía tan bajito con las patas de la zorra que podía esconderse entre la hierba.

—¡Qué suerte! —pensaba encantado—. Ahora nadie me verá de lejos.

Y empezó a caminar con sus patas de zorra casi a ras de suelo.

Pronto se encontró cansado y con hambre. Levantó la cabeza como

siempre para alimentarse con los brotes de las ramas de los árboles, pero no los alcanzó. Intentó saltar pero todo fue inútil.

—¡Tan altas y tan recias que eran mis patas…! —suspiró y rompió a llorar—. Con éstas moriré de hambre...

Llorando estaba cuando escuchó que alguien corría a toda velocidad, pisoteando hojas y partiendo ramas. Asustado por el ruido, quiso escapar, pero con esas patas de zorra tropezaba y se caía continuamente.

Finalmente, lleno de miedo, cerró los ojos esperando lo peor.

—¡Eh, amigo! —llamó la zorra—, soy yo la que arma tanto barullo, ¿dónde estás que no te veo?

—¡Aquí, aquí! —contestó el alce casi pegado al suelo.

—Mira, vecino, con estas patas tuyas quise atrapar una gallina. Al acercarme al gallinero, con las pezuñas

hice mucho ruido y la gallina se asustó; después me fue imposible atraparla metiendo la pata por una rendija… ¡Qué desastre! —confesó la zorra.

—También tus patas son una calamidad —contestó el alce—: son cortas y débiles, no alcanzo ni los brotes más bajos para alimentarme... ¿Por qué no volvemos a cambiarlas, vecina?

Recuperada su figura original, los animales se sintieron satisfechos. Con sus pezuñas de siempre, el alce golpeó contra el suelo. La zorra, en tanto, emprendió la carrera: sus patas eran flexibles, sus garras afiladas y podía caminar sin que la oyeran.

Zorra y alce aprendieron la lección: que la naturaleza es sabia y existe un

orden natural en las cosas y en los seres que hay que saber apreciar.

Y desde entonces, nunca ningún animal ha vuelto a desear intercambiar sus patas con otro.

EL LAGO WAKATIPU

La princesa Manata, de largo pelo rizado y enormes ojos negros, estaba enamorada del joven Matakauri. Pero este amor no tenía la aprobación de su padre el rey:

—Yo decidiré quién será tu esposo —decía el rey cuando oía los suspiros de enamorada de su hija.

Cierta mañana, la princesa desapareció y todos salieron a buscarla. Matakauri encontró una gigantesca huella de un pie en el lodo.

—¡El gigante Matau la ha raptado! —gritó.

Desconsolado, el rey reunió a sus súbditos en la gran plaza y habló así:

—Deseo más que nada en el mundo que mi hija vuelva a casa. Aquél que me la devuelva, podrá casarse con ella.

Muchos jóvenes admiraban la belleza y la bondad de la princesa, pero ninguno de ellos quiso arriesgarse a tener un enfrentamiento con Matau, cuya fama era terrible. Sólo Matakauri se atrevió a salir en busca de su amada y se encaminó a las montañas donde vivía el gigante.

El corazón y los pies del joven volaban. Sabía que en cualquier momento podría aparecer Matau. De pronto, encontró a Manata atada a un árbol lleno de espinas, herida y apesadumbrada por su desgracia. Matakauri corrió a rescatarla.

—¡Manata, alégrate! ¡Soy Matakauri y he venido a llevarte a casa!

—¡No podrás y pondrás en peligro tu vida inútilmente! Vete de inmediato; si el viento del noroeste empieza a soplar, Matau despertará y te matará.

Matakauri intentó cortar con su hacha las ataduras de la joven pero no lo consiguió. Dejó caer con fuerza el hacha una y otra vez pero ésta rebotó y rebotó. Entonces, los ojos de Manata se llenaron de lágrimas.

—¡Vete! ¡Huye antes de que Matau despierte!

Las lágrimas rebosaron de sus ojos y, al mojar las ataduras, deshicieron los nudos irrompibles.

El joven le ayudó a liberar también su cuerpo de entre las espinas y los dos corrieron al río. En una canoa navegaron corriente abajo, hasta llegar al palacio real. Nunca la felicidad del padre fue tan grande.

—Matakauri, puedes tomar a mi hija como esposa —dijo satisfecho el rey—. Sin duda, eres el más valiente de los guerreros.

La pareja estaba dichosa con la noticia pero el joven todavía tenía un pesar. No podría descansar hasta que el peligro del gigante acabara y dejara de atemorizar el reino. Así que Matakauri salió del pueblo, se encaminó por los valles hasta las montañas, vio el árbol

de espinas y, cerca de allí, encontró al terrible gigante dormido. Era tan inmenso que su cabeza descansaba sobre una montaña y sus pies sobre otra.

Matakauri reunió durante tres días pasto, ramas y hojas secas; cuando el viento del noroeste sopló y el gigante aún dormía, encendió fuego y el viento creó una gran hoguera.

Matau fue consumido por las llamas y en el lugar donde había estado dormido sólo quedó un gran hueco que hizo su cuerpo.

Cuando llueve, el hueco se llena hasta los bordes, y así ha surgido un lago. Bajo la superficie aún late el corazón del gigante. Por eso las aguas del lago

Wakatipu suben y bajan constantemente y las gentes de Nueva Zelanda recuerdan hasta hoy a Matakauri, cuyo amor fue tan grande que derrotó a un gigante.

LAS RAYAS DEL TIGRE

En un arrozal alejado de la aldea, un campesino acababa de terminar de recolectar su cosecha y él y su búfalo de agua se disponían a comer. El campesino saboreaba un guiso de arroz frito mientras, un poco apartado, el búfalo pastaba tranquilamente.

Con la velocidad del rayo, un tigre brincó justo frente al búfalo. Sorprendido por tan inesperada visita, éste trató de escapar, pero el tigre le dijo:

—No te asustes, no vengo como tu enemigo. Sólo quiero que me expliques algo que no entiendo: he observado cómo ese hombre tan pequeño, que no tiene fuerza ni vista aguda ni buen olfato, es capaz de hacerte trabajar día tras día sólo para su beneficio. Tú eres diez veces más pesado y más

fuerte, pero él te gobierna... ¿En qué consiste ese mágico poder que tiene?

—Lo único que sé —contestó el búfalo— es que nunca podré liberarme de él porque tiene un talismán que se llama “sabiduría”.

—¿“Sabiduría”? ¡Nunca oí hablar de tal cosa! Tendré qué preguntarle entonces en qué consiste ese talismán. Si fuera mío, lograría mucho más poder del que ya tengo entre los animales: les ordenaría que no huyeran cuando los ataco y, como no tendría

que correr tras ellos, comería exquisitos manjares sin esfuerzo.

—Si tanto lo deseas, ve y pregúntale.

Y el tigre se acercó cautelosamente al campesino para no espantarlo.

—Señor —le dijo con respeto—, como puede ver yo soy grande, fuerte y rápido, pero quiero serlo más. He oído que tiene usted algo llamado "sabiduría" con lo que gobierna a los animales, y he visto que su poder es acatado sin protestas. ¿Podría decirme en qué consiste la sabiduría? Sería de mucho valor para mí.

—Por desgracia, hoy dejé mi sabiduría en casa —dijo el hombre—. Si lo deseas, iré a por ella y la traeré para mostrártela.

—¿Puedo acompañarlo? —dijo el tigre.

—Será mejor que te quedes aquí, pues si las personas del poblado te ven pueden alarmarse e intentarán acabar contigo. Voy a buscar lo que me pides y regresaré de inmediato.

El hombre hizo como que se iba pero, antes de dar el primer paso, dijo:

—Me voy un poco preocupado, ¿sabes? Es posible que durante mi ausencia se te antoje comerte a mi búfalo y eso me perjudicaría seriamente.

Para que me vaya tranquilo, permíteme atarte con esta soga alrededor del cuerpo y prometo liberarte en cuanto regrese.

Como el tigre deseaba con ansias conocer el talismán mágico llamado sabiduría, dejó que el campesino lo atara y lo inmovilizara. Después, el hombre se fue a la aldea y trajo de su casa un hato de paja. Lo colocó alrededor del tigre y le prendió fuego:

—¡Ésta es mi sabiduría! —le dijo.

El tigre imploraba que lo liberara de las llamas como había prometido y

sus rugidos se escuchaban en toda la comarca. Finalmente el fuego quemó las cuerdas y el gran felino huyó al bosque escarmentado.

Durante los días siguientes el tigre lamió una y otra vez las quemaduras hasta que éstas cicatrizaron.

Pero, por más que se lamió, nunca consiguió hacer desaparecer las marcas que la soga quemada dejó en su piel. Esas marcas son las rayas negras del tigre. Le recuerdan que, aunque él es fuerte y resistente, los hombres tienen un don más valioso llamado sabiduría.

EL SOL Y EL ERIZO

Hace muchísimos años, el Sol decidió casarse e invitó a todos los animales de la Tierra a celebrarlo. Realmente era una ocasión fabulosa que había que festejar. El erizo, al conocer la noticia, se escondió en un agujero porque a él no le apetecía acudir a la boda.

El Sol decidió ir a su casa personalmente para invitarlo pero, por más que lo buscó, no pudo encontrarlo. Entonces, para asegurarse de que no faltara a la celebración, les pidió a sus vecinos que le comunicaran el mensaje. Los vecinos encontraron sin problemas al erizo una vez que el Sol se hubo ido y le transmitieron su mensaje: no debía faltar a la boda del Sol.

Aunque el erizo intentó inventar toda clase de excusas para no asistir, era imposible decirle “no” al Sol, así que

se reunió con el resto de los animales y fue a la celebración.

Todos iban entusiasmados, menos el erizo, que no dijo ni una palabra durante todo el camino.

Una vez en el palacio del Sol, los invitados se sentaron a comer y a beber, encantados con el festejo.

Pero el erizo prefirió irse a un rincón a roer una piedra que había traído consigo.

Pasado un rato, se abrieron las puertas principales y una gran ola de luz y de calor invadió la sala. Era el Sol que, emocionado, invitó a todo mundo a bailar y a divertirse por todo lo alto. Y el erizo siguió en su rincón, royendo la piedra.

—¿Qué haces, erizo? —preguntó el Sol—. ¡Deja esa piedra y disfruta de la fiesta! ¡Pronto será mi boda y quiero que todo el mundo esté contento!

—No puedo. Estoy muy preocupado porque pienso que si, hasta el momento, eres el único Sol y ya hace bastante calor sobre la Tierra, ¿qué sucederá cuando tengas hijos Soles?

Las plantas se secarán, la Tierra se convertirá en un desierto… Y será mejor que nosotros, los animales, nos vayamos acostumbrando a comer piedras, para que cuando sobre la Tierra no quede nada más, éstas no nos sepan tan mal.

El Sol se quedó muy pensativo. Salió de la gran sala de su palacio y, sentado en su trono, se quedó meditando sobre lo que había dicho el erizo.

Después de algunas horas, regresó con aire apesadumbrado:

—Amigos, mucho me temo que tendrán que volver a casa. He decidido, por el bien de todos, no casarme. Su amigo erizo tiene razón: no puede haber sobre la tierra más que un sol; si yo llegara a tener

hijos Soles, todos los animales y las plantas morirían de calor.

Los animales, al verse inesperadamente privados de su fiesta, se enfurecieron y abalanzaron sobre el erizo, quien, por suerte, alcanzó a ocultarse a tiempo.

Los animales se cansaron de esperar a que saliera de su escondite y se fueron cada uno a su lugar de origen. Mucho tiempo después, el erizo asomó un ojo, luego una pata, y al ver que ya no había nadie amenazándole, salió al fin.

En aquel tiempo, el erizo no tenía púas, pero el Sol, agradecido, se las regaló para que pudiera protegerse. Así podría caminar en adelante tranquilo sobre la Tierra.

Desde entonces, el erizo puede convertirse en una bola de espinas y no teme la furia de ningún otro animal.

EL INGENIOSO SAPO

Cuentan que, hace mucho, una zorra y un sapo se encontraron en un terreno baldío y decidieron sembrarlo a medias para recoger una buena cosecha de trigo.

Fijaron fecha, y llegado el día, el sapo fue a buscar a la zorra para comenzar la tarea.

—Comadre, hoy es el día de empezar la siembra. ¿Vamos juntos?

—¡Ay, compadre, no puedo salir! Si viera usted lo enferma que estoy: me duele tanto el estómago y me siento tan pesada, que no puedo ni moverme...

—No se preocupe, comadrita, yo sembraré el trigo.

Cuando llegó el verano y el trigo hubo madurado, el sapo volvió a llamar a la zorra:

—Comadre, ha llegado el tiempo de segar el trigo y trillar el grano.

—¡Ay, compadre, cuánto lo siento! ¡No puedo salir! Me duele tanto la cabeza que no puedo ni moverla...

El sapo segó y trilló, limpió el terreno, hizo un montón con los granos y fue a visitar a la zorra.

—Comadre, ya está todo preparado, ha llegado el momento de repartirnos el grano. ¿Viene conmigo?

—¡Claro que sí! —dijo la zorra, y al momento salió de su cueva.

Llegaron rápidamente al terreno que con tanto esmero y esfuerzo había cuidado el sapo. Cuando la zorra vio el montón de grano limpio, dijo:

—Compadre, este año la cosecha fue pobre y el trigo es poco. Para uno de nosotros es algo, pero para dos no es nada. Lo mejor es que hagamos una apuesta a ver quién se queda con él.

—¿Y qué apuesta vamos a hacer?

—Pues lo más justo será echar una carrera, a ver quién corre más. Nos pondremos en una punta del terreno y el primero que llegue al montón de trigo se quedará con él.

—Está bien, pero no ahora, porque estoy un poco cansado. ¿Qué le parece si aplazamos la carrera para pasado mañana? —contestó el sapo.

—De acuerdo, lo dejaré descansar, compadre —contestó la zorra.

Al día siguiente, el sapo, muy preocupado por la apuesta con la zorra, fue a buscar a otro sapo amigo y le dijo:

—¡Tienes que ayudarme! ¡Tienes que sacarme de un apuro!

—Tú dirás —contesto el amigo dispuesto a escuchar los problemas de uno de su misma especie.

El sapo le contó detenidamente lo sucedido y le pidió que se escondiera en el montón de trigo el día de la carrera. El inteligente sapo tenía un plan que no podía fallar.

La mañana acordada, la zorra se presentó muy temprano en el campo ya segado.

La zorra, segura de su fácil victoria, había dormido bien y estaba muy ufana y descansada.

—¿Estamos listos, compadre?

—Cuando usted diga, comadre —contestó el sapo.

—Cuando cuente tres, salimos corriendo. Uno, dos y... ¡tres!

Cuando la zorra iba llegando al montón, volteó la cabeza y miró hacia todas partes. Como no pudo encontrar al sapo, gritó desconcertada:

—¿Pero adónde viene usted, compadre?

En ese momento, el sapo escondido dentro del montón de trigo saltó, diciendo:

—¿Que adónde vengo? ¡A comerme lo que es mío, porque yo lo sembré y lo coseché!

Y la zorra, que no era capaz de distinguir un sapo de otro, se fue con el rabo entre las patas. Desde entonces, las zorras prefieren no tener tratos con los sapos y los respetan. Si se encuentran, cada cual sigue su camino sin molestar al otro.

POR QUÉ EL MAR ES SALADO

Hace muchos años, tantos que sólo el mar se acuerda, una tempestad azotó durante semanas las costas de Finlandia.

Jan, un hombre humilde, no podía salir a pescar: su barca estaba varada en la playa y él miraba el oleaje cada vez con mayor preocupación. Como ya no tenía con qué alimentar a su familia, fue a visitar a un primo suyo, muy rico, para pedirle ayuda. Pero el primo

no le dejó ni siquiera entrar en su casa, le arrojó un hueso de vaca y le cerró la puerta sin atender a sus razones.

Jan se internó en el bosque, pensando en cómo podría conseguir comida para su mujer y sus siete hijos.

De pronto, oyó a unos leñadores que cortaban madera y se acercó a ellos.

—¿Podrían ayudarme a conseguir comida? Soy pescador pero ahora es imposible salir a faenar. Mi mujer y mis hijos morirán de hambre si no llevo algo a casa...

—Ve a ver al ogro Hesi y dale ese hueso que llevas —contestaron los le-

ñadores—. Sigue el camino que tiene astillas y llegarás a su castillo. ¡Ah!, se nos olvidaba aclararte lo más importante: pídele el molino mágico que está sobre la chimenea. Con él nunca te faltará comida.

Jan caminó largo rato siguiendo el rastro de las astillas hasta divisar las torres del castillo. Eran tan altas que rozaban las

nubes. A medida que Jan acercaba, el castillo parecía crecer hasta alcanzar proporciones mágicas. La puerta principal era tan grande que a Jan le dio miedo llamar.

Desde dentro, una voz grave preguntó:

—¿Quién está en la puerta?

—Soy Jan, que vengo a visitarte.

—¡Pasa! —ordenó la voz.

Hesi estaba sentado en medio del enorme salón principal. Su alborotado pelo rojizo y su larga barba asustaron aún más al pobre Jan.

El ogro era tan grande, tan gordo y sus ojos tan amarillos que Jan quiso salir huyendo. Pero recordó las necesidades que estaba pasando su familia y se sobrepuso a su miedo.

—¿Qué te trae por acá?

—Vengo a saludarte —respondió Jan mientras le entregaba el hueso de vaca.

El ogro abrió su bocota y con su único diente devoró rápidamente el hueso.

—Me gustan las visitas. Cuando alguien viene a visitarme, doy una recompensa. ¿Qué prefieres? ¿Oro o plata?

—Ni uno ni otra. Dame el molino que está sobre la chimenea y te prometo que vendré a visitarte cada semana.

Hesi suspiró...

—Llévate el molino, pero antes debes saber que no es un molino cualquiera: es mágico. Con sólo decir “muele, molinito, muele”, te dará cuanto quieras. Cuando tengas bastante, dile “basta, molinito, basta”, y se detendrá. No lo olvides. Y ahora vete antes de que me arrepienta.

Jan se encaminó hacia su casa y, al llegar, mostró el regalo de Hesi a su familia. Ante los ojos de su mujer y de sus siete hijos, hizo la prueba:

—¡Muele, molinito, muele!

El molino empezó a girar y de él salieron hogazas, huevos, leche, carne, fruta y verdura. La familia nunca había visto tanta y tan apetitosa comi-

da... Cuando Jan sintió que era suficiente, dijo:

—¡Basta, molinito, basta!

Y, de inmediato, el molino paró.

El primo rico y egoísta, que pasaba por ahí, había visto funcionar el molino a través de una ventana y no pudo evitar entrar en la casa y preguntar:

—¿Sólo se le tiene que decir "muele, molinito, muele"?

Tomando el molino, dijo que se lo llevaba y que al día siguiente lo devolvería porque su familia también tenía hambre.

A la mañana siguiente, el tiempo mejoró y el primo rico fue a la playa, colocó el molino dentro de su barca

y comenzó a navegar. Cuando estaba lejos de la costa, echó las redes y las sacó repletas de peces.

Volvió a echarlas y otra vez las sacó repletas. Tomó el molino entre sus manos y gritó:

—¡Muele, molinito, muele! Quiero mucha sal para salar mi pescado.

Y el molino empezó a girar y a echar sal. El primo se frotaba las manos mientras el molino seguía echando sal. Pronto, su sonrisa se tornó en un gesto preocupado.

—¡Para, molino, para! ¡No des más vueltas, molino! ¡Basta, basta, basta! ¡Descansa, molino!

Pero todo era inútil. El primo rico no sabía la fórmula exacta para conseguir que el molino dejara de funcionar.

La barca pesaba mucho y empezó a hundirse. El molinito cayó al fondo del mar y ahí sigue, dando vueltas y echando grandes cantidades de sal.

Y esta es la razón por la cual el agua del mar es salada.

LA DIVISIÓN DE LA COSECHA

Antes de que existieran los hombres, sólo habitaban el mundo Dios y el Diablo. Por aquel entonces, los campos nunca habían sido cultivados.

Dios y el Diablo decidieron que ya era tiempo de despertar a la tierra para que ésta diera sus frutos.

El Diablo parecía un ser fuerte como un león, mientras Dios tenía aspecto de ser más bien débil. Pero todavía no habían medido sus fuerzas.

Lo primero que pensaron en plantar fue trigo. Antes de empezar la siembra, y para que no hubiera disputas después, Dios preguntó al Diablo:

—¿Con qué parte quieres quedarte? ¿Con la que crece en tierra o con la que crece en el aire?

El Diablo, después de pensarlo detenidamente, contestó:

—Quiero la que crece en tierra.

Y empezaron a sembrar.

Pasó la estación de las lluvias, y después la del calor, y llegó el momento de la cosecha. Tal como se había dicho en el pacto, el Diablo se quedó con las raíces y Dios con las espigas y el grano.

El Diablo se llevó una tremenda rabieta cuando descubrió que su parte no servía para nada.

Al año siguiente, sembraron patatas.

—¿Qué parte de la cosecha quieres esta vez? —volvió a preguntar Dios.

Recordando la ocasión anterior, el Diablo contestó:

—Quiero la parte que crece en el aire.

Y, esbozando una sonrisa astuta, se alejó.

Meses más tarde, cuando recolectaron la cosecha, Dios se quedó con las patatas que crecieron rollizas bajo la tierra y al Diablo le tocaron las hojas, que no servían para nada.

Nuevamente, el Diablo se encolerizó y se prometió a sí mismo aprender la lección.

Al tercer año sembraron maíz e, igual que en los años anteriores, Dios preguntó al Diablo:

—¿Qué parte de la cosecha deseas esta vez?

—¡Los dos extremos! Lo que crece en lo hondo y lo que crece más alto —repuso el Diablo.

Cuando el maíz maduró, Dios se quedó con las mazorcas y el Diablo con las raíces y tallos, que no servían para nada. Hecho una furia, el Diablo se marchó. Era la tercera vez que hacía un trato con Dios y había vuelto a salir perdiendo.

Llegó la estación del frío. El Diablo se construyó un castillo de piedra para protegerse de los gélidos vientos. Dios se hizo un hermoso castillo de hielo, con altas torres e infinidad de almenas. Tan impresionante era el castillo de Dios que el Diablo, envidioso, quiso cambiárselo por el suyo.

A pesar de las malas experiencias pasadas, el Diablo acudió en presencia de Dios y le dijo con falsa amabilidad:

—Quiero demostrarte que no soy rencoroso. Mi castillo de piedra quizá no sea tan hermoso como éste de hielo, pero te aseguro que es bien fuerte. ¿Querrías cambiármelo por el tuyo?

Y Dios estuvo de acuerdo. Cuando pasó el invierno y llegó la estación más calurosa, el sol brilló con gran fuerza y el castillo de hielo se derritió. De nuevo, el Diablo se quedó sin nada: sólo un gran charco de agua a sus pies recordaba lo que había sido su palacio.

Comprendió el Diablo entonces que Dios estaba presente en todos los misterios de la Naturaleza y que su poder era infinito. Furioso, se fue a vivir al fondo de la Tierra para olvidar su derrota.

LA PRINCESA FITHIR

El rey de Tara, que vivió en tiempos inmemoriales, tenía dos hijas: la princesa Fithir, de cabellos lisos y dorados, y la pequeña Darinee, de largos y negros rizos.

Ambas eran hermosas y honestas, y se amaban como corresponde a dos hermanas que han compartido la infancia muy unidas después de perder a su madre.

Un día, el rey paseaba por las orillas de los pantanos que delimitaban sus posesiones. Unas hadas, que poblaban y reinaban en los pantanos, acudieron a su encuentro. Traían un mensaje misterioso: querían a su hija Fithir y, a cambio, le ofrecían tres extraordinarios regalos.

El primero consistía en una botella con agua del fondo del pantano: si rociaba con ella a cualquier criatura, ésta se transformaría en lo que el rey deseara durante un tiempo; el agua de la botella, además, nunca se agotaría.

El segundo de los regalos era una antorcha: elevándola sobre la cabeza se encendía y mostraba cualquier rincón del mundo o cualquier persona que en ese momento quisiera ver.

El tercer regalo era un silbato hecho de los juncos que crecen a las orillas de los pantanos, ahuecado con unas agujas especiales; al soplarlo, producía un sonido tan penetrante que las hadas acudirían a su llamado para satisfacer sus deseos. Si colocaba sobre su oído el silbato al revés, escucharía las conversaciones que le interesaran, por escondidas que éstas se encontraran.

El rey tendría estos tres presentes durante el tiempo que quisiera; cuando los devolviera a las hadas, ellas le entregarían a su hija de nuevo, sana y salva.

El rey, cegado por la ambición y por las posibilidades de los objetos que las hadas le mostraron, aceptó y entregó a su hija, y las hadas de los pantanos se la llevaron a sus grutas.

Darinee, su hermana, al conocer la noticia, sintió un profundo pesar, pues amaba a Fithir con todo su corazón. Darinee paseaba entre sollozos por las orillas de los pantanos, llamándola. No temía a las hadas ni a su mal humor, pues sabía que a ellas no les gustaban las mujeres de cabellos negros y nunca la raptarían para llevársela a vivir a sus dominios. Pero Darinee no podía hacer nada para rescatar a su hermana.

Los primeros años con las hadas a Fithir le parecieron días, pues en el territorio de los pantanos el tiempo transcurre de forma diferente.

Fithir, aunque vivía mimada en el palacio de las hadas, anhelaba volver con su familia. También ella echaba de menos los juegos y las risas con su hermana.

El rey, que se hizo cada vez más poderoso y más egoísta, murió sin devolver a las hadas los presentes.

Han pasado ya cientos de años. La corte ya no existe y nada queda del palacio ni del reino de Tara.

Los tres regalos de las hadas están perdidos y olvidados; nadie sabe qué fue de ellos, dónde se encuentran, quién puede hallarlos hoy.

La princesa Fithir aún espera su rescate. Cuentan que, en las noches de luna llena, algunos han visto a una doncella de lisos y dorados cabellos caminando a lo lejos por los pantanos.

Si se escucha con atención, se pueden oír sus gemidos y cómo llama a su padre y a su hermana para que vayan a buscarla y la lleven de nuevo a su hogar.

LA GARZA Y LA GRULLA

Cuentan que una garza macho y una grulla hembra vivían en la misma marisma, pero en extremos opuestos, por lo cual podían verse volar en la lejanía aunque nunca habían mantenido una conversación.

La garza macho estaba cansada de su soledad y de la monotonía de su vida. Un buen día, se le ocurrió que quizá no fuera mala idea proponerle matrimonio a la grulla. Así podrían vivir en compañía uno de la otra, compartiendo sus experiencias y siendo mucho más felices.

A la mañana siguiente, muy temprano, la garza macho acicaló sus plumas una por una y sobrevoló la marisma hasta la casa de la grulla. Al llegar, picoteó en la puerta y preguntó:

—¿Es ésta la casa de la grulla?

—Sí, ¿quién me busca?

—Soy la garza que vive al otro lado de la marisma.

La grulla abrió la puerta y la invitó a pasar. Después de unos saludos muy corteses, la garza se decidió a confesar el cometido de su visita:

—Quiero pedirte que te cases conmigo. Juntos viviremos felices.

La propuesta pilló totalmente desprevenida a la grulla, pues nunca

se le había pasado tal cosa por la imaginación.

—¡Pero yo no quiero casarme contigo! —contestó—. Tienes las patas muy flacas, el traje corto y el pico muy delgado; vuelas mal y, además... ¿cómo piensas alimentarme? Será mejor que vuelvas a tu lugar. ¡Vete, vete, largo, patilargo!

Y la garza se marchó un tanto abochornada por tan inesperada respuesta.

Pasado un tiempo, la grulla hembra se sintió sola y pensó en la propuesta de la garza. A pesar de lo sucedido, decidió visitarla.

Emprendió el vuelo sobre la marisma y, al llegar ante su puerta, picoteándola, preguntó:

—¿Hay alguien? Soy la grulla.

La garza, que no se esperaba esta visita, contestó:

—¡Espera, que ya salgo!

Se saludaron amablemente y la grulla confesó:

—He estado meditando sobre lo que dijiste y he decidido que sí quiero casarme contigo. Es mejor para los dos vivir juntos que estar solos.

Pero para la garza las cosas habían cambiado. Con cierto orgullo en su voz, le respondió:

—No, grulla, ahora es tarde; yo ya no quiero casarme contigo, así que mejor vete…

La grulla rompió a llorar. Sobrevolando la marisma al atardecer, regresó a su casa.

Pero la visita de la grulla hizo reflexionar a la garza. Pasado un tiempo, la garza pensó que había hecho mal en rechazar a la grulla sin más ni más, y decidió ir a visitarla de nuevo para proponerle matrimonio. Sin pensárselo dos veces, alzó el vuelo y se encaminó hacia la casa de la grulla. La encontró buscando qué comer.

—Lo he pensado mejor y quiero casarme contigo —dijo la garza macho sin más preámbulos—. Por favor, acepta.

—Ya no te quiero de marido —respondió la grulla, mientras seguía mirando fijamente al suelo buscando gusanos y semillas.

La garza regresó a su casa muy desconsolada. La grulla, por su parte, con el estómago lleno, meditó sobre las palabras que había oído y se arrepintió de su contestación.

—¿Qué tiene de bueno vivir sola? Mejor sería casarme con la garza. Será

una buena compañía y juntos pasaremos ratos muy felices.

Con tales ideas en la cabeza, se dirigió a la casa de la garza, pero ésta la rechazó.

Desde entonces la grulla y la garza vienen y van de una punta a otra de la marisma. En los atardeceres se sienten solas y añoran la compañía, pero no se deciden a casarse.

LA LIEBRE JACTANCIOSA

Había una vez una liebre a la que le encantaba exagerar y llamar la atención de todas sus compañeras.

Vivía en un tupido bosque lleno de pinos y abedules, donde cada animal tenía que encontrar su comida con esfuerzo si quería sobrevivir durante el duro invierno. La liebre jactanciosa, buscando un día qué comer, encontró una pequeña raíz que le supo muy sabrosa. Enseguida, echó a correr para comunicarles a sus compañeras:

—Amigas liebres, ¿sabéis lo que me ha sucedido? Iba yo corriendo por el bosque en busca de comida cuando tropecé con algo tan grande y tan duro que por poco me parto la cabeza. ¡Mirad cómo quedó mi labio con el golpe!

—Cierto: tienes el labio partido, igual que todas nosotras —comentaron riéndose las otras liebres.

—Pero a ustedes apenas sí se les nota; vean en cambio mi hendidura. ¡Si hubieran visto el golpe! ¡Y es que choqué contra un enebro! Su tallo era tan alto que parecía un árbol de alerce, sus flores eran grandes como soles, y la raíz, del tamaño de un oso. Me puse a escarbar para descubrir la raíz entera y saqué una montaña de tierra de cada lado. Era tan grande la raíz que llevo diez días alimentándome de ella y ni la mitad me he comido... ¡Vean cómo he engordado!

—Pues estás como todas nosotras. No parece que hayas engordado mucho desde la última vez que te vimos… —le dijeron.

—Tal vez sea porque he corrido demasiado para invitarlas a que prueben esa raíz. Como tengo tan buen corazón y yo ya me he dado un festín para toda la vida, pensé que a ustedes tal vez les gustaría probarla.

Con la boca hecha agua, las liebres preguntaron:

—¿Y cómo se llega a ese sitio?

—Yo las llevaré, acompáñenme.

Y corre que te corre la siguieron a través del bosque hasta que se detuvo en un lugar y dijo:

—Aquí encontré el enebro del tamaño de un alerce. Y aquí escarbé con las patas las dos montañas de tierra.

—¿Y dónde están esas montañas? —preguntaron las liebres sorprendidas.

—Se las llevo el río…

—¿Y dónde está el río?

—Se ha ido al mar...

—¿Y dónde está el enebro?

—Como yo me comí la raíz, se ha marchitado…

—¿Y el tallo del enebro?

—Se lo comió el tejón...

—¿Y dónde está el tejón?

—Se marchó a la taiga...

—¿Y dónde está la taiga?

—La quemó un incendio…

—¿Y la ceniza, dónde está?

—Se la llevó el viento…

—¿Y dónde están los muñones de los troncos?

—Los ha tapado la hierba…

Las liebres, aturdidas, la miraban sin entender pero ella seguía muy segura de todo lo que decía.

Como viera cierta desconfianza entre sus amigas, añadió:

—No se preocupen, no hay nada más fácil que encontrar un enebro. Lo único que tienen que hacer es correr y mirar hacia los lados. Si de un lado no lo ven, seguro que lo verán del otro...

Acuciadas por el hambre, las liebres empezaron a correr moviendo hacia los lados su cabeza para que no les pasara desapercibido el delicioso enebro del tamaño de un alerce.

Y así estuvieron, corre que te corre, hasta que se desplomaron sin fuerzas; para reponerse se pusieron a comer la simple hierba, que al cabo les pareció más rica que el prometido enebro.

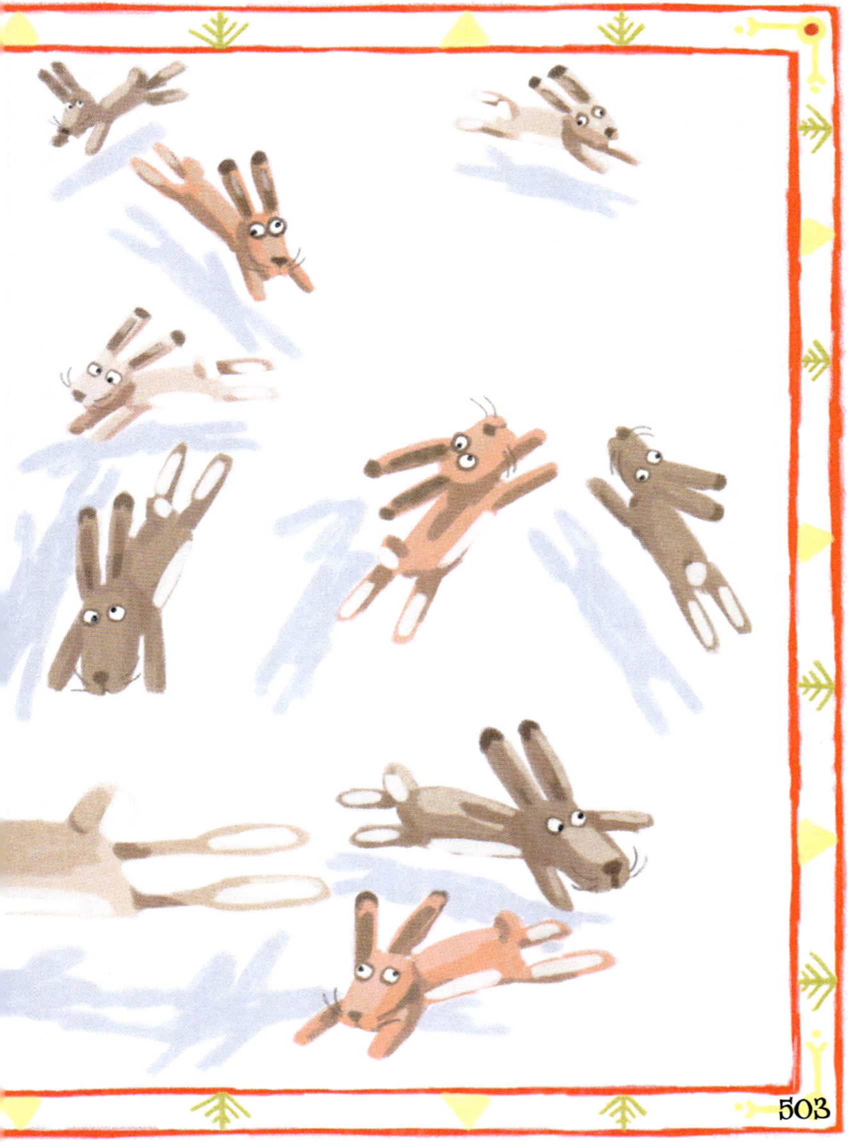

Pero no olvidaron la historia. Desde entonces, los ojos de las liebres no han vuelto a su sitio y siempre andan mirando hacia los lados.

HALVOR Y EL OSO

Lew era un joven que vivía en un pueblecito en el norte de Suecia, donde tenía fama de ser un valiente y excelente cazador. Hacía años había encontrado abandonado a un cachorro de oso blanco y lo había criado en su casa.

Ahora el animal era un magnífico ejemplar adulto. A Lew se le ocurrió que podría regalar su oso blanco al rey con ocasión de las fiestas navideñas que ya se aproximaban. El monarca apreciaría un presente tan original. Por ello, Lew se puso en camino hacia la corte.

Después de caminar con su oso durante varios días, llegó a una mansión que pertenecía a un señor llamado Halvor y le pidió hospedaje para él y para su animal. En aquellos tiempos se creía que la mala suerte se apoderaría del dueño de la casa si éste no era hospitalario con los caminantes durante las fiestas navideñas.

Halvor oyó la petición de Lew y, rascándose la cabeza, confesó:

—Discúlpeme, señor, por no recibirlo. Lo haría con gusto en cualquier otra ocasión, pero todas las noches de fin de año bajan los espíritus del bosque a vivir en mi casa… Mi familia y yo tenemos que abandonarla para dejarles sitio. Hoy es fin de año y, por lo tanto, no puedo hospedaros.

Lew contestó:

—Por mí no se preocupe. Conozco bien a los espíritus del bosque y, cuando ando en compañía de mi oso

blanco, nunca me molestan. Mi oso dormirá debajo de la estufa y yo en el cuarto contiguo.

—Le advierto que no respondo de las consecuencias —dijo Halvor, y ese mismo día puso la mesa con los mejores manjares y partió con los suyos, deseándole suerte a Lew.

Sólo habían pasado unas horas cuando, al anochecer, llegaron manadas de espíritus del bosque. Los había pequeños, grandes, peludos,

lampiños, feos, guapos, jóvenes, viejos... Todos se sentaron a la mesa y se dispusieron a devorar la comida que Halvor había dejado preparada.

Uno de los espíritus pequeños descubrió al oso bajo la estufa y, creyendo que era un gato, tomó un trozo de carne y lo frotó en el hocico del animal. El oso se despertó molesto por la interrupción de su sueño y se levantó gruñendo furioso, hasta que echó de la casa a todos los espíritus. Entonces Lew también se levantó de su lecho y comió lo que había sobrado, dándose una suculenta cena de fin de año.

Al día siguiente, cuando volvió Halvor y preguntó si había visto a los espíritus del bosque, Lew le contó lo sucedido. Se despidieron y el joven cazador continuó su viaje para entregar al rey su oso blanco.

Un año más tarde, Halvor estaba cortando leña en el bosque para las fiestas navideñas cuando oyó a un espíritu que gritaba desde las profundidades del bosque:

—Halvor, Halvor, ¿va a venir este año de visita tu gatito blanco?

—¡Claro que sí! —respondió Halvor con seguridad—. Y no viene solo, sino con sus seis gatos, más fieros y malhumorados que su padre.

Los gritos de protesta de los espíritus eran tales que Halvor se sintió atemorizado por la algarabía. Cuando las voces se calmaron, oyó que el jefe de los espíritus decía:

—Está bien, Halvor. Mientras tengas ese gatito no volveremos a

visitar tu casa durante la noche de fin de año.

¡Halvor no podría creer en su suerte! Y todos los años, desde entonces, cuando los espíritus le preguntaban si vendría su gatito blanco, la respuesta era sí.

Desde aquel acontecimiento, los espíritus festejan sus noches de fin de año en los oscuros escondrijos del bosque y nunca más han vuelto a molestar a Halvor, ni a ningún otro hombre.